TESTED
SENTENCES THAT SELL

埃尔默·惠勒销售课程 ❸

魔法销售台词

[美] 埃尔默·惠勒 著　陶尚芸 译

哈尔滨出版社
HARBIN PUBLISHING HOUSE

图书在版编目（CIP）数据

魔法销售台词 /（美）埃尔默·惠勒(Elmer Wheeler) 著；
陶尚芸译. —哈尔滨：哈尔滨出版社，2019.2
（埃尔默·惠勒销售课程）
ISBN 978-7-5484-4373-5

Ⅰ. ①魔… Ⅱ. ①埃… ②陶… Ⅲ. ①销售-方法
Ⅳ. ①F713.3

中国版本图书馆CIP数据核字（2018）第256687号

书　　名：**魔法销售台词**
　　　　　MOFA XIAOSHOU TAICI

作　　者：[美] 埃尔默·惠勒 著　　陶尚芸 译
责任编辑：陈春林　赵　晶
责任审校：李　战
版式设计：张文艺
封面设计：申海峰

出版发行：哈尔滨出版社（Harbin Publishing House）
社　　址：哈尔滨市松北区世坤路738号9号楼　　邮编：150028
经　　销：全国新华书店
印　　刷：三河市兴达印务有限公司
网　　址：www.hrbcbs.com　　www.mifengniao.com
E-mail：hrbcbs@yeah.net
编辑版权热线：（0451）87900271　87900272
销售热线：（0451）87900202　87900203
邮购热线：4006900345　（0451）87900256

开　　本：880mm×1230mm　1/32　印张：8　字数：152千字
版　　次：2019年2月第1版
印　　次：2019年2月第1次印刷
书　　号：ISBN 978-7-5484-4373-5
定　　价：39.80元

凡购本社图书发现印装错误，请与本社印制部联系调换。
服务热线：（0451）87900278

目录
CONTENTS

上篇
金牌推销员的五大销售要诀

第一章　牛排的卖点是它的嗞嗞声！/004

第二章　不要长篇大论，要字字珠玑/009

第三章　要讲得绘声绘色！/012

第四章　不要问买不买，而要问买哪个！/019

第五章　让你的声音更加悦耳动听/024

中篇
销售台词的核心元素——三大制胜法宝

第六章　简洁精当的4个字卖掉了无数的方形衣夹/030

第七章　顺应人性的4个字让你的小钱变大钱/037

第八章　让客户看样学样，卖掉布鲁克林大桥也非难事 /046

下篇
惠勒销售要诀案例解析

第九章　前 10 个字的开场白胜过后面的千言万语 /054

第十章　别糊弄乡下人，他们懂城里人的套路 /063

第十一章　再漂亮的成交签字也不会凭空出现 /069

第十二章　如何摸清潜在客户的"热度" /077

第十三章　有些话表明客户已经同意购买你的产品 /083

第十四章　这些销售台词能让客户说"我买了" /091

第十五章　这些词语助你搞定销售 /103

第十六章　葡萄酒的卖点是杯中曼妙的气泡 /112

第十七章　沙丁鱼罐头的卖点是罐头每月翻转一次 /123

第十八章　5个小词助你卖掉百万加仑汽油 /131

第十九章　避免使用不得体的字眼 /139

第二十章　不要说让人费解的话 /150

第二十一章　上门推销时如何酝酿语言 /161

第二十二章　如何使销售台词与销售演示相得益彰 /172

第二十三章　有个男人要买礼物送给爱人，你该如何向他推销？ /181

第二十四章　做销售也要懂点儿有关钓鱼的知识 /190

第二十五章　"小姐"和"太太"，哪个称呼更有效 /197

第二十六章 "老约翰斯顿"找到了成功推销香烟的5个字 /202

第二十七章 能唤起客户回应的奇妙销售台词 /205

第二十八章 卖烟的女孩改变表达方式使生意大为好转 /213

第二十九章 8个字让爱占便宜的人罢手 /219

第三十章 成功的招聘方法或应聘技巧 /221

第三十一章 印第安人雪茄店从没卖出过一支烟 /231

第三十二章 惠勒销售要诀总结篇 /236

上篇

金牌推销员的五大销售要诀

2003年，我从《盖瑞·亥尔波特文案》的一期文章中得知了埃尔默·惠勒的这部著作。要知道，这位"文案大师"推荐的任何一本书都是销售人员和广告从业者必读的经典。

当我翻看这本书第一页的时候，就被它的内容深深吸引住了。这本书中所讲的销售要诀在当时风靡整个销售界，如今也同样有着强大的影响力。科技可能会不断进步，生活可能会更加复杂，但人性却永远也不会变。

他的销售要诀在今天仍有指导意义，读之受益匪浅。他的文字简洁，所列举的案例丰富有趣。从经验丰富的销售主管到尚未接受培训的基层销售代表，每个人都可以有效地实践他的销售要诀，让自己的销售业绩翻一番、翻两番、翻三番，甚至更多。

重在"口才魔法"而非"魔法口才"

埃尔默·惠勒因为成立了"惠勒销售台词研究室"而举世闻名。经过长达10年的研究，他终于总结了行之有效的销售

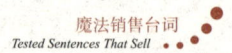

台词和销售演示，并检验出哪些销售台词和销售演示可以发挥最大的效果。

"惠勒销售台词研究室"选取了1900万名潜在客户，在他们身上总共试验了10.5万条销售台词。埃尔默·惠勒发现，每当我们以某种"巧妙的方式"教给某个销售人员一句"销售台词"，来取代陈词滥调的时候，就会达成更多的交易。

例如，纽约市五号街上的奥特曼商店，只凭一句简单的销售台词就让洗手液的销量大幅上升，从每周60瓶增加到927瓶。想象一下，你是否也可以通过改变一句销售台词而让你的销售额猛增1445%？

在另一些地方——布卢明代尔百货商店、施特劳斯商店、克利夫兰市威廉泰勒百货商店，两句"销售台词"就让牙刷售卖一空，是这些大卖场在其销售历史上的最高纪录。

毫无疑问，本书就是许多销售人员和广告文案走向成功的基础。埃尔默的销售要诀实施起来简单易行，效果显著，是经受过无数次实战检验的科学方法。

因此，如果你能学习到位的话，就可以一夜之间在销售上功力大增！

第一章

牛排的卖点是它的嗞嗞声！
（惠勒销售要诀之一）

我们这里所说的"牛排的嗞嗞声"指的是产品的卖点，也就是你的产品可以勾起潜在客户购买欲望的主要因素。

尽管是先有"牛排"，后有"牛排的嗞嗞声"，但是，"牛排的嗞嗞声"还是比"牛排"本身更有卖点！

商家所卖的任何一件产品都会有自己的"嗞嗞声"，有时这个卖点藏得很深，有时却显而易见。如果你能找到这个卖点并加以利用，生意就会越做越旺。当然，当你成功勾起潜在客户的购买欲望之后，就有必要修炼你的销售演示了。

聪明的服务员会意识到，香槟的卖点不是香槟本身，而是杯中曼妙舞动的气泡；食品店推销员要明白，泡菜的卖点不是泡菜本身，而是诱人的色泽与质感；咖啡馆服务生要清楚，咖啡的卖点不是咖啡本身，而是弥漫在空气中的醇香。以此类推，奶酪的卖点不是奶酪本身，而是浓浓的香气；保险的卖点不是保险金额，而是让人产生安全感的保险范围。当然也有例外，比如肉商卖的就是生牛肉而不是"牛排的嗞嗞声"，尽管他知道，"牛排的嗞嗞声"才是牛肉的卖点，可以带给他更多的生意和利润。

下面我们以一种先进的吸尘器为例,看看可以挖掘出多少卖点,促使潜在客户说出"我想买"而不是"算了吧"。

1. 超强振动力
2. 清空指示灯
3. 灰尘探照仪
4. 自动地毯调节器
5. 不打结的电线
6. 即时处理定位器
7. 不缠结的旋转刷
8. 除沙器
9. 飞花清洁器
10. 除尘器

这十大卖点可以促使消费者购买这种带有特殊装置的吸尘器。正如销售专家保罗·刘易斯所说,吸尘器的构造、材质和价格固然很重要,但勾起顾客购买欲望的关键卖点却是便于操作,既卫生又省力,让室内常保清洁。

因此,这种吸尘器的推销员必须告诫自己:

卖点不是价格,而是减轻疲劳!

卖点不是构造,而是省力!

卖点不是马达,而是舒适!

卖点不是滚珠，而是易于操作！

卖点不是抽吸装置，而是清洁地毯！

便于操作，既卫生又省力，让室内常保清洁，就是这种吸尘器的卖点，也就是"牛排的嗞嗞声"，而构造和材质只是"牛排"而已。

你是否已经准备好，首先找出产品的卖点，然后组织好语言，将这个卖点传达给消费者呢？

现在，请你拿起放大镜，仔细研究销售包装上的每条信息，努力寻找该产品的卖点。接着，统计一下你找到的卖点数量：1个卖点、5个卖点、10个卖点、15个卖点……然后，根据自己的初步判断，按照这些卖点对客户的重要程度来排序。

学会"换位思考"

当你展示自己的商品，并讲述自己的销售故事时，站在你跟前的那个潜在客户的头脑中会出现这样一个大大的问号："这玩意儿能为我做点什么呢？"

因此，几乎你所说的每一句话和所做的每一件事都将且必须围绕着这个重要的问题而展开，你必须让客户明白，他确实需要这件产品。如果客户意识不到这个需求，销售效果就会微乎其微。

现在，请你列出产品的所有卖点，让客户明白自己有这方面的需求。但请记住，你认为这些卖点对你而言同等重要，但客户会根据自己的需求而厚此薄彼。如果你学会了换位思考，就可以站在客户的角度来分析问题，从而达到事半功倍的效果！

"换位思考能力"就是了解事情另一面的能力——拿起放大镜，站在客户的角度来审视自己的产品。"换位思考"强调的是站在"对方"的角度看问题，而不是"自己"想一出是一出，这样才能迎合消费者的需求。

本章小结

消费者为什么要购买你的产品呢？这就是我们要讨论的卖点问题。无论你面对的是一轴线、一服药、一排别针、一种食品，还是一辆汽车、一份保险单、一件卫浴用品，都可以挖掘出它们的卖点。

这些卖点，我们称之为"牛排的嗞嗞声"。

你在尚未见到潜在客户之前，就必须在心中列出他们可能会重视的各种卖点。然后，你可以根据产品的销售包装和你对客户需求的分析，精心准备一份"销售台词"。

如此，你会发现，在销售台词中使用"您"发挥的作用远远超过"我"。

如果可以做到对着客户说"您"而不是"我",那你就已经具备了"换位思考能力"。

请牢记本章主题"牛排的卖点是它的嗞嗞声",然后运用"换位思考",把这个卖点传递给潜在客户,记得要使用简洁精当的语言来表述——这是第二章要详细讲述的内容。

牛排的卖点是它的嗞嗞声。

第二章

不要长篇大论，要字字珠玑
（惠勒销售要诀之二）

不要长篇大论，要字字珠玑。我们要学会用简洁精当的话语来吸引潜在客户的注意力。如果你做不到第一句话就"掷地有声"，那么，即便客户还站在这里听你说话，他们的思想也会开小差。

一份好的销售台词应该尽可能地做到简洁精当，任何不利于销售的词汇都会影响销售的效果。因此，我们要做到"字字珠玑"，让每个字都价值连城，因为我们没有时间写"长篇大论"。

所以，请组织好自己的语言，这样"销售台词"才能达到不可思议的效果！

如何接近潜在客户

第一印象通常可以在一瞬间形成。你与潜在客户会面10秒钟后，他的心中就会形成对你的初步印象，这种先入为主的印象可能会影响他对你的产品的整体态度。在这10秒钟的时间里,你对客户说的话要做到"字字珠玑",使其对你产生好感。"字字珠玑"会让消费者心情愉悦,从而给你做进一步销售的机会。

我分析了 10.5 万套销售台词和销售演示,记录了它们在 1900 万人身上测试后的结果,得出的结论是:那些明星推销员使用的"魔法棒"就是我所强调的"字字珠玑"!

为了进一步阐述什么是"字字珠玑",我想再回到"吸尘器"的话题上来,根据上文中列出的 10 个卖点,让我们看看如何将销售台词浓缩成 10 秒钟的"字字珠玑"。

"字字珠玑"勾起客户"掏腰包"的冲动

"1950 年之前制造的吸尘器都不具备超强振动力。"
"除沙器可以清理掉那些遗留在犄角旮旯里的沙尘。"
"如果你忘了清理尘袋,清空指示灯会提醒你。"

本章小结

一份好的销售台词应该尽可能做到简洁明了。

如果你推销产品时吞吞吐吐、啰里啰唆,那就不要指望什么销售业绩了,因为你的潜在客户会离去,或者抱怨你对他们

做强制销售！

要先想好开场白，若是前 10 个字不能抓住客户的心，后面说得再多也没用！

因此，当你面对潜在客户的时候，请酝酿好第一句话，给人留下美好的第一印象，不要结结巴巴、支支吾吾。因为你的第一句话至关重要，直接影响到客户对你的产品的初步判断。

首先，你要准确揣摩消费者的心理，然后选择符合对方需求的卖点，再用恰当的方式传达给他们。你必须灵活地运用本章中介绍的"字字珠玑"，把产品卖点浓缩成一句 10 秒钟的"销售台词"。

大家在构思销售台词的同时，还要学会与之相匹配的销售演示——这是第三章要详细介绍的内容。

能不能抓住客户的心，关键就看前 10 秒钟的开场白。

第三章

要讲得绘声绘色！
（惠勒销售要诀之三）

通过表演来证实你所说的内容！

当你手捧鲜花说出"祝您幸福愉快"时，对方会感受到你的诚意！

当他手捧着鲜花向她求婚的时候，她所感知到的不仅仅是他吐露的简单话语。

你只有短短的10秒钟，加上一张巧嘴和一双巧手，这是你向潜在客户推销产品时的所有道具，所以你必须在措辞和表演上下功夫！

你必须靠演技来充分展示产品的"卖点"！

我不是在怂恿你做一个虚情假意的演员，我的意思是，你需要利用肢体语言和面部表情来配合自己说的话。如果这些肢体语言表现得恰到好处，就可以助你一臂之力，总比只说几句销售台词更管用，无论那几句台词有多美妙。比如，某些店员对你简单说了声"谢谢"，你知道这只是敷衍了事，缺少发自内心的真诚。

绘声绘色地讲述产品的"卖点"

说话的同时，要配合一些演示动作，这是勾起潜在客户购买欲的第三大销售要诀。

可以用手势说话吗？当然可以，只要你使用得当，为什么不可以呢？让你的双手活跃起来吧，用手势来向客户打招呼——拍拍手，搓搓手，挥挥手——从头到尾，你的热情洋溢一定会有回报。

让你的潜在客户亲自去看、去感受、去触摸、去操作，甚至去闻一闻、尝一尝你的产品，让他们体验一下真正拥有这些产品时的感受。如此一来，便可以提升他们的购买欲望，让他们心甘情愿地掏钱给你！

总之，让你的双手为你的销售台词画龙点睛吧！

如何讲得绘声绘色

让我们专以吸尘器为例进行分析。我们将在后面的章节中介绍如何将五大销售要诀应用到其他产品的销售中。

推销吸尘器时，"绘声绘色地讲述"备受青睐

1. 若想把桌子底下或黑暗的角落里打扫得更加干净，请开启"灰尘探照仪"，这样可以增强光亮，帮你找到犄角旮旯里的灰尘。你可以这样向客户推荐：

"它能帮你找到隐藏的灰尘——照到哪里，哪里便会一尘不染。"

2. 自动地毯调节器。邀请你的潜在客户试用自动地毯调节器（人人都有看样学样的本能），然后对他说：

"它会自动调整厚薄，以便适应任何厚度的地毯。"

3. 先推开吸尘器，抓住拉绳，然后轻轻地把它拉回来，对客户说：

"吸尘器下有滚珠，小孩子都可以拉动它！"

你只要在"说销售台词"的时候做出一些示范，就可以吸引客户的眼球。用上你的头部动作、手势动作、脚步动作，此外再动一动笔，就可以让客户感受到你的真诚可信！

你的面部表情是潜在客户最信赖的一面镜子。

千万不要让某些"怪癖"毁了你的生意。

那些怪癖毁了你的生意

"他的举止不成体统,说话不着边际。"

"他靠在柜台上,跟我谈了谈,然后就转向下一个顾客。"

"他动作慢吞吞,还冲着我打了好几个哈欠。"

"他回答我的问题时漫不经心。"

"我问了很多问题,这令他不耐烦。"

"我一时没听明白,他就生气了。"

"他的指甲满是污垢,他的鞋子也脏兮兮的。"

"他不停地伸手去拿订货单,想对我强制销售。"

这些"字字珠玑"缺少绘声绘色的演示

"这款吸尘器可以让您的家一尘不染。"(可是,如何才能做到呢?)

"投资这款吸尘器一定会大赚。"(为什么会赚?)

"这款产品物美价廉。"(所有的销售人员都这样说。)

"你会喜欢上它。"(我会吗?)

"我喜欢它。"(那又怎样?)

这些话会把你的潜在客户推向竞争对手

"听我的,在这个问题上你别胡来。"
"是吗?但他们的东西很差劲。"
"他们的推销员所说的话简直可笑。"
"我了解自己的产品,它很省电。"
"它不笨重——我可以举起它——看到了吗?"

你的开场白是这样的吗?——请马上闭嘴!

"看……"
"听……"
"看见没……"
"我要告诉你……"
"你明白了吧?"
"我敢打包票。"
"就咱俩之间……"
"我只跟你讲这些,千万别告诉别人……"

"漫不经心"的态度只会失去生意

某个推销员向客户推销一款手工清洁套装,他尝试了三次,都以失败告终,因为他没有完全了解每项功能。

某个推销员只是把产品指给客户看,相信客户以后会通过"长期接触"了解其性能。

某个推销员靠在柜台上,只用一只手在指指点点。

某个推销员有些怪癖,比如剔牙、挠头。

某个推销员把产品说明书扔到潜在客户面前,想让客户自己打开这本小册子,找自己感兴趣的内容。

本章小结

一句好的销售台词应该和销售演示相得益彰。

当你进行销售演示的时候,要做到肢体动作配合语言表达。丰富的面部表情加上恰当的表演,就能完成一次成功的销售演示。

说话要简洁精当,还要配以手势。

然后,你还可以让你的潜在客户模仿你来体验产品,让他也参与你的"产品秀",目的是迎合客户"看样学样"的本能。

敢于展示，但要展示到位！

如果你想让你的销售台词效果倍增，请参考"惠勒销售要诀之三"——要讲得绘声绘色！同时记住，不要问潜在客户买不买，而要问怎么买、何时买、在哪里买、买哪个，这是成功销售的又一要诀——也是第四章要详细讲述的内容。

你的热情洋溢一定会有回报。

第四章

不要问买不买，而要问买哪个！
（惠勒销售要诀之四）

"不要问买不买，而要问买哪个。"我这么说的意思是：大家要经常设计自己的销售台词（尤其是在交易即将达成之时），这样你就给了潜在客户一个介乎于买这个与买那个之间的选择，而不是买与不买之间的选择。

如果你采取诱导式提问，就会发现这是促成交易的一条捷径，能让你的潜在客户自然而然地对你说："好吧，我买下了。"

目前有两种类型的推销人员，其中一类人习惯用感叹号，喜欢虚张声势！另一类人则喜欢用问号，善于巧妙提问，以勾起客户的兴趣。用问号取代感叹号，是让销售人员转败为胜的第四大销售要诀。

"买哪个" 3 个字的价值

惯用感叹号的推销员总是想用自己的偏执来慑服客户，但这样反倒会把客户吓跑！他总是这样说话："我很肯定……！"

"我相信自己说的是对的……！"

"你必须……！"

他有时指手画脚，有时敲打着柜台，有时还扬起下巴，就是从来不会巧妙地询问和试探客户的心理。

请仔细琢磨潜在客户和消费者心中的疑问是什么，如此一来，就更容易让他们付款或签单。但要记住，确保你提的问题可以得到你想要的答案！

永远不要问潜在客户想不想买，而要问他何时买、买哪种、在哪里买、怎么买！简单地说，不问是否，要问哪个！

如果这样问，结果会让你失望

"你能买得起价格更高的同类产品吗？"

"你对这套除尘设备有兴趣吗？"

"我可以向你解释一下它的功能吗？"

"我可以为你演示一下吗？"

"这个怎么样？"

"觉得这款如何？"

不要做一个只知道问"这个怎么样？""觉得这款如何？"的低情商推销员。这些都是糟糕的表达，把这些废话从你的销售台词中剔除。这些话毫无新意，缺乏"冲击力"，这一点我们会在后面的章节中解释。

这些糟糕的表达不仅仅是废话，而且还会节外生枝。

如果这样问，就会达到理想的效果

"你很想知道什么是强力搅拌，对不对？"
"你喜欢这个功能，是不是？"
"是不是很棒？"
"你更喜欢哪一个？"
"你想什么时候收到货？"
"你想怎么付费，周付还是月付？"
"你打算在哪里使用，这里还是那里？"

特别是在交易即将达成时，请询问客户恰当的问题，这样你才会得到你想要的答案，同时让客户迅速签单。

当客户犹豫不决时，问一个他难以敷衍的问题

每当你觉得客户犹豫不决的时候，可以换一种新的销售策略——问客户一个他难以敷衍的问题。这样一来，客户就需要花时间来回答你的问题，你可以多争取一点时间来思考下一步对策。同时，你的提问还可以把消费者的顾虑摊开来解决。这是个非常容易掌握的技巧。

无论何时，如果潜在客户表示犹豫，同时告诉你不想买的原因，你都可以问他为什么。"为什么"是客户最难回答的问题！他会绞尽脑汁去回答你的"为什么"。可是他却很难用贴切

的词汇来表达自己不买的原因，他的托词会显得模棱两可、藏头露尾、莫名其妙，难以用语言来表达。比如，请看下面的例子：

客户：我想再考虑一下。

店员：为什么呢？

客户：嗯——我——好吧，你的产品看起来确实很棒。

你的一声"为什么"，就会让潜在客户将所有拒绝的理由和盘托出。很快所有问题都得到了解答——但这位客户还是不买。<u>一个重要的拒绝理由</u>仍然让潜在顾客顾虑重重，那会是什么呢？成本？重量？造型？实用性？无法满足实际需求？同类产品中还有功能更好的？

请继续使用"为什么"来提问！

你可以问他："您为什么要犹豫？您为什么认为它太贵了？您为什么要等到秋天才买呢？"让他回答你的"为什么"，直到你找到他不想买的真正原因。

当<u>你确信</u>自己已经得知客户不想买的真正原因时，就可以灵活应用销售技巧来解决问题了：

店员：这是您不想买的唯一理由吗？

客户：是的，这是我不买的唯一理由。

客户已经表态了！他心里只有一个不买的理由！现在你要帮他打消这最后的顾虑，相信你很快就会搞定他！你可以这样说："您已经告诉我，这是您不买的<u>唯一理由</u>，剩下的都是想买的理由了。现在我可以想象您让我给你送货的情景了！"

本章小结

要学会使用诱导式提问,特别是在交易即将达成之时,这样就可以得到你想要的答案。

如果你想问客户一个问题,就必须预判自己可能会得到的答复。

要像个优秀的律师那样熟练地运用诱导式提问,学会问"为什么"。

利用诱导式提问将那些在客户内心深处作祟的拒绝的理由暴露在阳光下,看着它们化为乌有!

每当你觉得客户犹豫不决的时候,请参考"惠勒销售要诀之四"——不要问买不买,而要问买哪个!

请问客户何时买、在哪里买、怎么买!

下一章要讲的是"怎么说"和"说什么"同样重要。这是"惠勒销售要诀之五",也是惠勒销售要诀的最后一讲。如果你能将其熟练运用,就可以游刃有余地应对大部分销售演示。

> 若想捕鱼,鱼钩比撬棍更管用。

第五章

让你的声音更加悦耳动听
（惠勒销售要诀之五）

　　本章是"惠勒销售要诀"的最后一讲，主要讲述销售台词的实际效果取决于你发音时加重了哪些关键词。因为你的声音是你传递信息的"载体"！

　　如果你的声音单调乏味，即便你开场白"字字珠玑"，在10秒钟之内仅用10个字就讲出了"卖点"，同时对产品的介绍也做到了绘声绘色，还问了很多"买哪个""何时买""在哪里买""怎么买"，那也无济于事。

　　你不必非要做个慷慨激昂的演员，但一定要拥有恰到好处的语调，这样才能让信息传递得更顺畅，更有真情实感，更少受到外界干扰。

请模仿"小狗与主人的交流"

　　想一想，小狗叫一声，再摇摇尾巴，就是在跟你交流！那一声"汪"，加上左右摆动的尾巴，就可以传递出那么丰富的情感，我们人类也可以效仿！

请注意，你的话语也可以蕴藏"摇尾巴"的效果！

不要从头到尾只有一个音调

训练你的声音，控制你的音调。在夜晚独自一人大声朗读一本书，把双手放在耳朵后面，听自己说话的声音。这是训练准确发音的一种好办法。要学会适时调整音调！要学会适时加强语气！要学会抑扬顿挫地说话，先降低声音，再提高音调，先慢慢说话，然后适时提高语速。变换说话的节奏！这样才会让客户觉得妙趣横生。

不要从头到尾保持一个音调。调动你所有的发音器官，把产品的卖点完全展现！记住，不要只保持一个音调！

要像乐队指挥一样，控制你的声音。

尤其需要注意的是，要避免发出怪异的声音和语调，那些声音会分散客户的注意力。下面来举例说明：

带着笑容说这些话，就会当场签单

"这款吸尘器可以节省几个小时的清洁时间。"

"你只有一个脊背，就像生命只有一次。"

**当潜在客户说"我再考虑考虑"时,
就用这些话来"敲打"他**

"想一想那些正在腐蚀你家地毯的尘垢吧。"
"想想腰酸背痛还在等着你。"

当潜在客户说"以后再买"时,就这么说

"你会继续使用一台烤不出面包的烤箱吗?"
"你会使用一台洗不干净衣服的洗衣机吗?"
"如果以后再买,你拿什么来解放自己呢——不单为了地毯和脊背——一天只要两毛钱而已!"

本章小结

说话时请面带微笑,但需要真诚的微笑,这样才可以让你的潜在客户欣然接受。

不要像《小红帽》故事里的大灰狼那样假笑!

如果你笑不出来,如果你扬着下巴,如果你看起来冷酷、失望、疲惫、困惑、害怕或过于自负,就会让潜在客户警惕起来!

因此,最后一个促成生意的销售要诀就是打磨你的声音。熟练运用"惠勒销售要诀之五"——让你的声音更加悦耳动听,如此一来,你就会在销售之路上无往不利!

沉默木讷的人没法做销售。

中篇

销售台词的核心元素——
三大制胜法宝

第六章

简洁精当的 4 个字卖掉了
无数的方形衣夹

（第一法宝：迎合多数人的需求）

> "有时候，我们遇到某个难题，总是感觉无从下手，然而，我们一旦学会将多个难题放在一起进行思考，难题就会迎刃而解。"

——夏洛克·福尔摩斯

这句话的意思是，你永远无法预知某个特殊的客户会如何应对你的销售台词，但你可以根据科学概率来统计一下普通客户们都会说些什么。大侦探福尔摩斯的思路是我所知道的最佳对策，也是本书的基本理念。我们也可以这样组织销售台词，促使大多数人购买我们的产品。

几年前，有些商家开始销售方形衣夹，逐渐取代圆形衣夹。像大多数人一样，我很好奇，于是走进一家小商店，并走上前去问店员，方形衣夹和圆形衣夹有什么区别。

"区别就是一打衣夹多卖 3 美分！"女店员一边说话一边嚼着口香糖。

我问这家小商店里的采购员，他的回答也很含糊：

"以前安排给我的销售任务是卖圆形衣夹，这次却成了方形衣夹，我也不知道为什么！但我知道我必须服从安排，因为卖一打方形衣夹，可以多赚3美分！"

方形衣夹畅销的众多原因

我去了连锁店的总部，销售部门的相关人员将方形衣夹的"卖点"列举如下：

1. 湿手拿方形衣夹，不易滑落。
2. 湿手可以一次性拿更多方形衣夹。
3. 方形衣夹已经被打磨光滑，不会刮破衣服。
4. 方形衣夹在晾衣绳上不会开裂。
5. 方形衣夹末端的突起便于主妇们用嘴衔着。

以上这些卖点都很靠谱，唯一离谱的就是那位女店员的回答。我看着以上这些卖点，突然一不小心把一个衣夹弄掉在地上，于是我灵机一动，萌生出一个念头。我想象着一个女人晒衣服时的情景：她抱着一大堆洗过的衣服穿过厨房，她的湿手里拿着衣夹，她的嘴里衔着衣夹，突然一个衣夹掉在了地板上。这是一个圆形衣夹，在炉子下面滚来滚去。圆形衣夹就像小狗一样，最喜欢滚到炉子下面，然后躺在那里一动不动。

圆形衣夹可能会滚到任何地方。这个女人找不到衣夹,一会儿不小心撞伤、摔倒,衣服散了一地——悲剧发生了,等着保险公司理赔员上门吧!

我想,如果把方形衣夹不会乱滚这个优点告诉顾客,她就可能选择方形衣夹:方形衣夹掉到地上的时候不会乱滚;如果一个女人掉了方形衣夹,她只须弯腰拾起它,然后继续自己正在干的事情。她随时都知道方形衣夹在什么地方,绝对不会因为找它们而摔倒。

这个创意能打动女顾客

如果厂家在对衣夹做打磨处理的时候,就想到了制作方形衣夹的创意,制成后拿到柜台前接受检验,那我们就可以把这个卖点塑造成一句两秒钟就能讲完的"销售台词",然后让销售人员去回答女顾客的疑惑:

"不会乱滚!"

仅仅4个字,就能一步到位地打动顾客。于是柜台前开始人头攒动,越来越多的顾客来购买方形衣夹!

印第安无跟软皮鞋的故事

前一段时间,舒尔特联营商店邀请我去帮忙设计销售台词和销售演示——把印第安无跟软皮鞋推销给小男孩们,并想方设法说服他们多买几双。

下面是导购员和来给小男孩买鞋的妈妈之间的一段冗长对话,对话中隐藏着一个"卖点"。你能把这个卖点找出来吗?

导购员:太太,您难道不想给儿子买一双真正的印第安皮鞋吗?皮鞋后部有三重缝合,不容易撕裂。珠子用线连成了串,永远不会散落。皮鞋前部很宽大,我们称之为健康皮鞋,因为小男孩正处于成长期,这款皮鞋不会束缚他的脚,有助于您孩子的健康发育。

客户:(通常这样回答):我不想买,请把我的包给我。

上面的销售台词冗长乏味,很难提炼出卖点。但是,如果是这样的场景,结果就截然不同了:导购员把印第安无跟软皮鞋放在小男孩面前,并对他说:"印第安人就穿这种鞋,小伙子!"这时候,销售成功率增加了!

这句话会让小男孩眼前一亮,他会立刻帮你向他妈妈推销,开始缠着妈妈吹嘘这双鞋有多好。他会不会在乎这款鞋是否有益健康呢?不在乎!他会不会关心珠子是持续5分钟不散落还是持续5年不散落呢?不关心!他只会想象自己穿上这款鞋后走在街上拉风的样子。他还要在朋友们面前炫耀,让大家羡慕地惊呼：

"哇！这是正宗的印第安皮鞋！"

我们都一样，都会对这个"卖点"感兴趣。这种方法，每使用13次，就会成功10次！

销售白鞋油的技巧

大家去商店买白鞋油时，可能已经听过很多这样的销售台词：

1．"这是一种液体鞋油，更易涂抹。"
2．"这款鞋油，涂上之后不易掉。"
3．"这是一款块状鞋油，能够持久保存。"
4．"这款鞋油能让皮鞋长久保持白色。"
5．"以前卖25美分，现在只卖15美分。"

这些销售台词中，哪一句会打动你呢？哪一句会让销量增长300%呢？是的，你猜到了！就是第二句。

华盛顿特区的赫克特公司产品销量增长了300%，如今有好几个厂家使用这句话作为他们的广告语。所有的人都希望白色不掉色，这是吸引客户的一个根本原因！

巴贝多公司的故事

巴贝多公司董事长希尔兹请我帮他出谋划策，想办法向那些来杂货店买日用品的顾客推销剃须刀。

我来到克利夫兰市的西尔斯百货公司，在此处设立了销售台词研究室。我们很快发现有146句话可以招揽客户，其中有一句话格外有效：

"你想节省6分钟的剃须时间吗？"

这是一种有效的诱导式提问，可是任何人都可能这样回答："不想，我喜欢在浴室里悠闲地刮胡子！"

所以，请换一种方式来问他——你想怎样节省剃须时间呢？这句问话就是在告诉他：

"使用巴贝多剃须刀，只要打开剃须刀，就能把胡子刮得干干净净。你什么都不用做！"

结果，西尔斯百货公司的销售额增加了102%，只有一个负面反应——一个胡子拉碴的男人说："天哪，我只花了3分钟就刮干净了！"

这个男人的话让我产生了一个念头，这句开场白可以改为"你如何把剃须时间减少一半呢？"。威廉泰勒百货商店的副总裁理查德·罗斯的报告显示，当店里使用这种最基本的销售方法时，销售额增长了300%。

下面我们可以进一步证明，哪怕是最没有吸引力的销售台词，只要使用恰当，成功率也可达到70%。檀香山市的本森史密斯公司使用了同样的销售台词，87名潜在客户中有51人购买了他们的产品。如此一来，全部产品一扫而空也不是不可能！

我们对几千个这样的销售案例进行了分析，它们足以说明一个基本原则，那就是夏洛克·福尔摩斯所提倡的"迎合多数人的需求"。

现在，让我们了解下一章内容，了解这些购买冲动和欲望包括哪些内容，以便我们根据具体情况来调整自己的"销售台词"，从而摆脱"盲目销售"的状态。

第七章

顺应人性的4个字让你的小钱变大钱

（第二法宝：勾起客户购买欲望的三大要素）

从古至今，自保意识就是人类最原始的本能，而对爱情和金钱的渴望则是紧随其后的本能。当然，金钱的魅力在于你想要什么就会得到什么，你想什么时候得到就什么时候得到。这就是惠勒总结出的"勾起客户购买欲望的三大要素"，教你如何将产品的"卖点"指向客户的三个基本需求。

我逛街的时候突然感到口渴，于是在第一家杂货店门口停了下来。我走到繁忙的柜台前，要了一瓶饮料，因为我的喉咙发干，我想让自己好受一点。当我问店员要一瓶可口可乐的时候，他说："先生，您要大瓶还是小瓶？"

这一问，瞬间让商家少赚5分钱。我也没有机会坐下来好好畅饮一番，因为像大多数人一样，我不假思索地回答说："小瓶。"

我突然萌发了一个想法：假设店员刚才说了一声"要大瓶的吗？"，我会不会本能地告诉他"对"？

我向哈利·布朗先生推荐这种销售方法，他是布鲁克林区施特劳斯商店的经理，这家商店的室外喷泉很壮观；我还建议弗莱德·格利菲斯先生采取这种方法，他是纽约市宾夕法尼亚连锁药店集团的总裁。我们开始做实验：每当顾客要买可口可乐的时候，店员都会说："要大瓶吗？"我们测试了 5000 名顾客，并对他们的回答——"对"或"不了"——进行了系统的记录和统计，结果表明，70%的顾客回答说："对！"这意味着这样的销售台词符合人的本能反应。店里每招待 10 名顾客，就会增加 35 美分的额外收入，也可以让顾客开怀畅饮！

"要大瓶吗？"仅仅 4 个字就可以让你的小钱变大钱！

勾起客户购买欲望的三大要素

当你灵活运用这些"销售台词"来勾起顾客的基本购买欲望时，就无须再绞尽脑汁去说服他了。勾起顾客购买欲望的三大要素如下：

1. 自保意识激发的购买欲望。首先我们必须拥有自己的食物、衣服和住房，然后才有精力去考虑同伴或他人的需求。首先顾及自己，这是我们最原始的本能，因此也是我们最根本的购买动机。我们可以用"X"来代表人类自保意识导致的购买欲望。

2. 追求浪漫激发的购买欲望。一旦我们有了食物、衣服和住房，就会有心思去追求浪漫了，而浪漫又是另一种自然力量。对浪漫的渴望不仅仅是为了性，也可以为了冒险、旅行等精神追求。这就是我们的第二大本能，也是第二大购买动机。我们可以用"Y"来代表追求浪漫激发的购买欲望。

3. 渴望有钱激发的购买欲望。我们都知道，有了钱就会有安全感，还可以有食物、衣服、住房和浪漫的心思。渴望金钱就是我们的第三大本能，也是我们的第三大购买动机。我们可以用"Z"来代表渴望金钱激发的购买欲望。

当然，正如任何广告文案或销售经理会告诉你的，也许还存在其他的购买动机。但是，我们检验的 10.5 万句销售台词表明，只要利用好这三个简单的购买动机，你就可以搞定 85% 的潜在客户，因为这三大动机源于人类的本能！

请记住"勾起客户购买欲望的三大要素"，不要把销售想得那么复杂。

激发潜在客户"掏腰包的冲动"

这三个基本的购买动机盘踞在潜在客户的大脑里，激发他们"掏腰包的冲动"。你必须利用这三个动机，先发制人，从而让客户一冲动就把手伸入裤兜里去掏钱。

请大家务必记住最关键的一点：这三大购买动机不是展现在消费者眼前的理性思维，而是被深埋在大脑中的感性思维。

你必须加工和完善销售台词,穿越客户冷静的理性思维,挖掘背后冲动的感性思维,激发客户隐藏在大脑深处的原始冲动。

有些"欲望"和"担忧"就是"卖点"

若要激发潜在客户"掏腰包的冲动",就必须具备两大动力——那就是客户心中的担忧和欲望。如果我们担忧自己的健康,就会密切关注那些治疗被宠物咬伤的医疗广告;我们也会看看佛罗里达或加利福尼亚的棕榈树下贴着的健康警示语(X)。

如果我们不想再为金钱而担忧,而是想实现财务安全,就会不由自主地听取保险人员、银行职员或金砖推销员的建议,前提是他们懂得利用我们对于金钱的欲望(Z)。

如果我们借助于理性的逻辑思维,那就会迅速拒绝那些金砖或药品推销员,也会无视马戏团的揽客者,更不会搭理推销布鲁克林大桥的江湖骗子。

既然我们的购买欲望不是来自于冷静的逻辑思维,而是冲动的感性思维,那么,当我们听到或读到这些销售台词的时候,就会勾起内心深处的三大购买欲望,很快就会心血来潮地掏腰包付账:

"5天内治愈鸡眼,无效退款。"(X)

"如何成为聚会中的灵魂人物。"(Y)

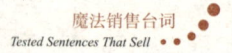

"马上让你实现经济独立。"（Z）

"免费的溜冰鞋。"（Y）

"无须支付押金。"（Z）

"当你还年轻的时候，努力当上主管。"（X，Y，Z）

"头屑去无踪。"（X，Y）

我们总是不想承认那是一次冲动消费，实际上我们就是这样做的！我们不能忘记这样的事实，也不能无视这样的事实。同样的道理，客户的购买欲望也源于冲动的本能，这是根本原因，它会在很多客户身上体现！

如何销售无纽扣连体裤

妈妈们最大的愿望就是减少一些日常家务。比如小威利每天都要穿衣和脱衣5次（X），我观察到这个普遍现象之后，在董事长里德曼的建议下，找了个时间去萨克斯34号街百货商店向一个年轻妇人推销无纽扣连体裤。这款连体裤一共有30多个"卖点"，其中有一个是真正可以促成生意的，能让这款价格高出市场价25美分的无纽扣连体裤更加畅销。这个卖点就是：

"小男孩自己就会穿无纽扣连体裤！"

这句话可以让一个妈妈实现梦寐以求的愿望，这个卖点的吸引力是如此之大,足以驱使任何一个妈妈多花25美分去购买这种连体裤。

如何销售昂贵的别针

每个妈妈以及即将成为妈妈的女人,最害怕的就是别针在错误的时间突然崩开,并刺伤孩子的娇嫩皮肤(X)。萨克斯34号街百货商店的别针销量非常好,而且每包别针高于市场价5美分,原因就是使用了这样一句简单的销售台词:

"它们不会崩开,不会刺伤宝宝的身体!"

这些妈妈还有一个担忧,也是她们的一个愿望,就是有一种不会擦伤或伤害到孩子的尿布(X),当这种合身的尿布生产出来的时候,萨克斯商场的店员又成功使用了一句让别针销量大增的销售台词:

"它们很合身,只用一个安全别针就够了!"

如何销售可以遮阳的长衬裙

在炎炎夏日,特别是在有着充足阳光和宽阔街道的南方,很多女性都渴望有一条独特的长衬裙,来遮挡强烈的阳光(X)。很久以前就有几个厂家生产出了这种长衬裙,然后让销售人员向客户大谈特谈长衬裙遮挡太阳光的神奇效果,而不是消耗时间谈论所谓的缝制细密。

赫克特公司采用了这句销售台词,促成了一笔笔成功的交易,根据我们记录在案的数据,长衬裙的销售量增加了 60%。这句"销售台词"就是:

"这款长衬裙甚至可以遮挡最强烈的太阳光!"

这个案例利用了"勾起客户购买欲望的三大要素"之一:自保意识。

浪漫情结助你成功出售午睡椅

在赫克特公司,每次常规促销之后,我都会让销售人员选一个美好的夏日,把女性客户带到舒适的睡椅前,对她说:

"这就是我们的新式午睡椅。"

当女客户问什么是"午睡椅"时,销售人员会这样回答:

"这把椅子在设计上符合人体工程学,可以让头部放松,让午睡变得更加享受(Y)。试试看吧。"

该公司副总裁查尔斯·达尔肯先生表示,这句销售台词很奏效,让销售额增加了 10%。

如何销售便于喝酒的秋千

有一次,赫克特公司的前营销经理杰姆斯·罗特先生注意到,草坪秋千卖得不是很好,他突然把公司的销售台词研究室成员们叫来,让我们努力挖掘秋千的"卖点"。

我们稍稍研究之后发现,这些秋千都有一个扶手,可以托起鸡尾酒杯,如此一来,酒杯就不会滑落,不会摔碎,杯中的美酒也不会溢出。当客户注意到这个卖点之后,就会对其他便宜又没打广告的秋千失去兴趣,转而购买我们的秋千。这个卖点可以给销售人员带来5美分的额外收益,还可以给客户带来无尽的乐趣。

这就是一杯鸡尾酒的浪漫驱动!(Y)

只要抓住大家都渴望一边荡秋千一边喝酒,以及害怕打碎酒杯的心理,一句简单的销售台词就可以搞定这一切!找个时间试一试吧!

如何销售电灯泡

分析完赫克特公司这么多典型案例之后,让我来总结一下如何用一句简单的销售台词让七月份的电灯泡销量增加700只:"灯光下的阴影变得如此迷人!"(Y)

根据电力协会的杰克·诺斯所说,如果你使用下面这句销售台词作为切入口,在克利夫兰市的西尔斯罗巴克百货公司购物的100人当中,有20人会买下这款产品,这句话就是:

"夫人,您经常在厨房做饭吗?"

当顾客问为什么这样问的时候,推销员可以建议她买100瓦或150瓦的灯泡,因为"您可以在灯光下看清食谱上最小的字"。(X)

这个销售策略总是可以抓住最有利的时机,只要你以恰当的"卖点"做诱饵,顾客的理性思维就会转化为感性思维!

巴黎吊带公司制造了一款不容易滑下肩膀的吊带。根据约瑟夫·克劳斯所说,该公司的推销员只用了一句话:"它们不会从肩膀上滑下来!(X)"销售量就从第18名直接上升到第3名。

不要忘记这三个基本的购买动机:自保意识(X)、浪漫情结(Y)和金钱欲望(Z)。如果你努力的话,这三个动机都可以给你带来财富。

请记住,心灵比大脑更加贴近客户的钱包!

第八章

让客户看样学样,卖掉布鲁克林大桥也非难事

(第三法宝:先介绍产品,后现场演示)

"A"指的是介绍产品,"B"指的是现场演示。自信的人能够成功出售金砖,因为在旧时代从来不需要现场演示。今天却需要了。现在,人们希望听一听、摸一摸、看一看,然后才准备购买。

几个星期之前,我看到报纸上说,又有人因为卖布鲁克林大桥而被捕了;我也经常听说,有人买了一块金砖,即便如今有联邦调查局、特工和媒体,他们也不怕。

虽然有些人不需要现场演示就会购买你的产品,但这样的客户毕竟是少数。格兰特百货商店年轻的女推销员出售方形衣夹的时候会做到如下几点:首先,绘声绘色地讲述产品的"卖点";然后对客户说:"它们不会乱滚!"最后,丢一个衣夹在柜台上,来证明她没有吹牛。

波卡洪塔斯油气公司的推销员也采用我们创造的"销售台词"告诉汽车司机们,他们的新型挡风玻璃雨刷器有三层刮水

片，刮水速度快三倍，然后通过敞开的车窗递给司机一个刮水片，让他看一看、摸一摸、验一验！

按部就班：先介绍，后验证

在街角的一家小店里，杰克大叔遇到了一个头戴礼帽，自称拥有布鲁克林大桥出售权的人。那人说每人过桥收取10美分，最后能赚至少100万，于是杰克大叔想买下那座桥。他没有怀疑这桩买卖，因为那人"看上去很诚实，且说得头头是道"。所以，杰克大叔把他家的房子抵押了，花了565美元现金买下了布鲁克林大桥！

然而，今天的杰克大叔要看凭证。他既喜欢听人介绍产品（A），又想看现场演示（B）。因此，要记住一个规则，若想以更快的速度来说服更多的人，就要告诉他们可以从你所销售的产品中得到哪些好处，然后用某种方式来证实你所说的。这就是"先介绍产品，后现场演示"的销售诀窍——前者用A表示，后者用B表示。

"我自己也穿这些衣服"——如今这句话说明不了什么

以前，销售人员常说："我自己也穿这些衣服。"客户听了就会购买，但这种说法已经过时了。此外，今天的顾客并不想和店员或其他人撞衫。

事实上，根据我们对梅西百货公司、奥特曼百货公司和五月百货公司店员的调查，"琼斯太太也有一件"这样的话如今也已经没有什么说服力了。当然，如果用得恰到好处的话，也有一定的效果。"这是我们最畅销的产品"，这句话有时有效，因为没有限定是针对哪一个具体的人，但这也只是陈词滥调。

当街头小贩声称"这些梳子不会折断，也不会破裂"的时候，他应该拿起一把梳子，使劲地砸在地上，然后绕来绕去地迷惑客户，还要面带笑容地夸夸其谈。其实他已经本能地应用了"先介绍产品，后现场演示"的销售诀窍。

如果你想提高销售效率的话，请先说出产品的优点和作用（A），然后做现场演示（B）！

"听一听""摸一摸""看一看"

这三个词汇，你应该储存在自己的常用销售台词库中，如此一来，你就可以信手拈来，即兴编成60秒钟的收场白，在现场说服客户购买你的产品。让客户接触到销售包装，让客户触摸到产品！对他说："感觉一下这些袜子的良好质地吧！"或者："只要抓住这个把手，就会知道是否适合您！"

推销冰箱的人说："您自己试试吧，看看打开它多么轻松！"

佳斯迈威公司的一名推销员告诉客户，石棉可以保持房子里面的温度。为了证明这一点，他把这家人带到大街上，指着一座装有石棉保温层的房子，说："看到布朗先生家屋顶上的积雪了吗？这个迹象表明，屋内的热量不会传递到屋顶上去融化雪。可是，你家屋顶上的雪已经融化了，因为你家没有保温层。"

这句话勾起了这家人购买石棉的想法。最后，这名推销员不失时机地总结道："你家以前的煤炭费用很高吧？如果用石棉保温层，可以省下3年的供暖费呢！"

这不是成本多少的问题，而是节省多少的问题，这一点很重要！

"纽扣缝得很牢"

巴尔的摩市的五月百货公司培训店员们借助于我们的"销售台词"来推销男士衬衫，"衬衫上的纽扣缝得很牢，受力时不会脱落"。结果销售很一般。可是，当店员们面对顾客绘声绘色地讲述产品的"卖点"，并演示扯动纽扣时，销量猛增3倍！

我们要先让消费者听到"客户利益"（A），然后再让他们看到实际证据（B）。因为我们都有"看样学样的本能"，所以顾客会拿起衬衫，扯动纽扣，现场检验，如此一来，买卖自然能做成！

但不是每次都有效

经常有人会问:"你在研究销售台词的时候遇到过困难吗?"当然遇到过,有过好几百次。通常在发明一句好的销售台词之前要试验上百次。

例如,我们原以为可以用这样的方法推销梅西百货公司的男士极轻衬衫:将衬衫放在柜台上,让店员对客户介绍:"瞧,这衣服多轻!"说着对衬衫吹一口气,把衬衫吹到顾客的手中。

表演非常到位!仅用10秒钟就传达了我们的销售理念!但这个方法不可行!第一个店员没有足够的"肺活量"把衬衫从柜台上吹起来;第二个店员以前是一名足球运动员,他把衬衫吹到了顾客的肩膀上;其他两个店员都是烟民,他们呼吸中的烟味差点儿呛晕顾客。这个方法让前10秒钟的开场秀一败涂地。

然后,我们又想出一个办法。店员拿出一件棉布衬衫,把它放到顾客的右手里,对她说:"感觉一下这件衬衫的重量吧。"然后,店员拿走棉布衬衫,把极轻衬衫递给顾客,对她说:"现在感觉一下这件衬衫的重量吧!"这时,顾客立刻就能感觉到这两件衬衫在重量上的巨大差别!

下面是一个10秒钟之内销售成功的典型例子,里面包含着充分的产品优点(A)和实际证据(B)!

有图有真相

佳斯迈威公司的卡西迪已经向我出示了装修前后的厨房对比照片,足以证明他们的产品可以把简陋的厨房打造成理想的厨房。

佳斯迈威公司的员工们就用这样的"销售台词"争取到了很多生意:"你愿意去街上看一看史密斯太太家刚刚装修过的厨房吗?"

这个诱导式提问可以让他得到自己想要的答案。

请记住"先介绍产品,后现场演示"的销售诀窍。先把产品的优点说出来,随后就要通过演示来证实这些优点。当你寄明信片给朋友时会说:"我在这儿玩得很愉快……"接着,你就要挑选出你最欢乐的一张照片来证明这一点!

布丁好不好吃,吃了才知道!想把自己的销售能力提升 25%,请先介绍产品,然后现场演示,并尽量做到采取一切办法绘声绘色地讲出产品的"卖点"。

下篇

惠勒销售要诀
案例解析

第九章

前 10 个字的开场白胜过
后面的千言万语

你只有短短的 10 秒钟去吸引客户的注意力，如果在这 10 秒钟之内你说的话题不够吸引人，客户就会走开，即便不走开，也会心不在焉！

"不要长篇大论，要字字珠玑！"这是我们所讲的第二大销售要诀。不管一个人有多忙，简单精当的表达都会瞬间吸引他的注意力。说话的人要努力将自己要传达的信息提炼成 10 个字的"卖点"——10 秒钟的广告词当然要"直击要点"。

小威利想再要一片果酱面包；大哥哥想要一辆车；爸爸想要出去打牌；妈妈想要一顶新帽子；乔叔叔正在策划一份新的化妆品销售方案；苏姐姐想让她的男朋友带她去百慕大群岛度蜜月；牧师正在拐角处挨家挨户地布道。无论是谁，他们说的头 10 个字的重要性都远胜过后面的话语！

最佳组合——用最少的字数传递出最多的信息

办公室里的每个人都知道开启保险箱需要密码，但只有少数人知道开启保险箱获取里面财富所需的数字组合。

传递卖点也是如此。每个推销员都非常了解某件产品的"卖点"，却不知道如何串联这些销售台词，从而吸引客户来购买。但有一点是肯定的：他必须尽可能地浓缩这些"卖点"，然后用最少的字数向客户传递出最多的信息。

我们已经在前面的章节中学习了惠勒五大销售要诀，现在是时候挖掘这些销售要诀背后的心理因素了。弄清楚会发生什么与为什么会发生同样有趣。

为何要在10秒之内吸引眼球

当你走路去上班的时候，你的眼光从一个事物飘向另一个事物，你的思维从一个念头跳到另一个念头，这就是所谓的"思绪飘忽"。你看了很多，其实你什么都没看到！你的思维在漫无目的地飘荡，你是在建造一座空中楼阁。你不知不觉地脱帽致意，你毫无意识地躲开汽车，并本能地绕开了可能会撞到你的人。你是醒着的，但其实也在睡梦中！你在恍恍惚惚中游荡。

然后，有人对你说出一句"销售台词"。它穿透了你的思维"云雾"，于是，你重新回到现实当中！你的眼睛在看，你的耳朵在听，那人口中的"卖点"引起了你的关注。

我们必须学会能让我们的话语直达他人心灵深处的秘诀——我们要穿破雾霭，不再眼花缭乱——因为潜在客户"虽然眼睛在看着我们，却心不在焉"。正如理查德·波登所说："你的话必须让客户的轻慢态度烟消云散！你必须让他们不再对你发出'嗯哼'式的敷衍！或者一听到你说话就打哈欠——你必须使用那些能消除客户杂乱念头的销售台词。"

对于今天的人们来说，"停一停，看一看，听一听"算不了什么，因为人们已经司空见惯了。

检测一下自己的词汇量，你有多少词汇可以阻止客户"漫不经心""横冲直撞"或"煲电话粥"呢？我敢打赌，几乎没有——如果你像普通的推销员一样资质平平的话。那就储备一些高效的销售台词吧。它们会轻而易举地穿过他人的"海市蜃楼"——将呆板的眺望转变成敏锐的观察！

这就是为什么我们的第一大销售要诀是"牛排的卖点是它的嗞嗞声"；第二大销售要诀是"不要长篇大论，要字字珠玑"。这就是为什么我们建议大家注重前10秒钟的销售台词——也就是你们的开场白！

10 秒钟后会怎样?

一旦成功说服潜在客户不要对着你的产品发呆或抗议,那你就有 3 分钟的时间去思考接下来的台词了——记住要用你的头脑、你的血液、你的整个身体去思考。就在潜在客户思维开小差之前,你有短短 3 分钟的思考时间!

当我们步行 5 英里,或者读了几篇文章,或者谈了一段时间的话之后,我们的肌肉、大脑和精神就会萎靡不振。如果吸墨纸吸入了太多的墨水,就会"疲劳",也就是心理进入饱和状态。

我们以往的案例表明,如果你对着客户说话超过 3 分钟,还不让他插话,又不使用一些表演技巧来维持他的兴趣,或者不改变话题,那他的心理就会达到饱和状态。他只需要 3 分钟就可以集中注意力,而且他想插话,他想试用一下你的产品,他还想参与到你的产品演示中。为此,我们创造了第三大销售要诀——"绘声绘色地介绍产品的'卖点'",教你如何让客户参与到你的"产品秀"当中去。

我们的测谎试验

几年前,我在约翰·霍普金斯大学进行了一次测谎试验,看看某些"卖点"是否会让某些人的反应比别人快，结果我们得出了肯定的结论。我们将测谎仪连接到一名"客户"身上，对着他背诵一段很长的销售台词，然后再看一遍这段视频，通过观察仪表上的指针，记下出现心理波动的地方。

这些研究结果表明，客户的饱和点是3分钟，如果超出了这个时间，销售谈话就会失去应有的效果。他们还表示，销售台词对客户的影响是双重的——在身体上和精神上都有影响。所以我们在此向大家介绍第四大销售要诀——"不要问买不买，而要问买哪个"，帮你赶在客户心理进入饱和状态之前成功完成销售任务！

"柠檬"——"棉花"——"明矾"

先挑选一个词——"柠檬"。想象一下，你正在吃酸爽多汁的柠檬，你的唾液腺会有什么反应？对着某个人说出"柠檬"这个词，并谈及如何切柠檬的话题，观察他有没有流口水。

如果你想让他不流口水，就让他想象一下咀嚼干棉花的情景。这个想法会让他的唾液腺干涩起来，就像听到"明矾①"这个词往往会让听者嘴唇干裂一样。

后来，我成为小提琴表演艺术家戴夫·鲁宾诺夫的营销顾

---

① 明矾：一种食品添加剂和净水剂，味道酸涩，想起它的味道会给人一种嘴唇发干的感觉。——译者注

问，他告诉我他如何用他的音乐"销售诀窍"在触动听众心灵的同时，又对他们的身体产生作用。当他把轻快的《诙谐曲》演奏得缠绵低缓时，听众的眼睛就会变得湿润；当他演奏旋律急促的《圣路易斯蓝调》时，听众的身体就会伴着旋律摇摆；当他演奏《亲爱的，请回到我身边》时，女听众会随着欢快的调子心跳加速；当他演奏《索萨进行曲》时，男听众则会跟着拍子踏脚。

这就是声音的魔力！因此要考虑到惠勒的第五大销售要诀——"让你的声音更加悦耳动听"，因为你的声音是"销售台词"的载体。

几个不错的此类销售案例

假如你有10秒钟时间去吸引他人的注意力，必须在客户达到心理饱和状态之前的3分钟之内讲完你的故事。现在我们举个典型的例子：某补牙材料公司如何推销合金假牙。下面是我与公司总裁格里尔·威廉一起开发的以牙医为推销对象的销售谈话。牙医只能给推销员几分钟的时间，因为他们是专业人士，时间非常宝贵。认识到这一点，我们使用了第五大销售要诀，构思了下面一段3分钟的销售谈话：

推销员：（开门见山）医生，您想知道如何靠每补一颗牙所需成本中的1美分来保障您的每一次牙齿修复吗？

牙医：（从忙碌中抬起头来，一脸好奇）该怎么做？

推销员：洗衣房每次为您服务时，要为您的衣服向您收取1美分的保障金。而采用我们20世纪合金，每补一颗牙所需成本中的1美分可以为您的声誉提供保障。（牙医开始感兴趣）

您想想，用普通的合金材料，每补一颗牙的成本大概是3美分，而用我们20世纪合金，成本是4美分，但您却可从多出的1美分中得到以下的好处：（牙医现在十分感兴趣。）

第一，为您提供的是经过科学评级的合金，容易切割打磨，从而与患者的牙齿相匹配，避免了渗漏和因发热引起的松动；第二，我们20世纪合金颗粒外面裹着一层"银制外衣"，这就使患者被修补的牙齿咬东西的一面更加坚固；第三，这层"银制外衣"可以让修补的地方永久保持银亮的光泽。医生，以上三点优势是不是让这多出的1美分显得物超所值？

每次都要在客户达到心理饱和点之前促成交易

如果你想让你的销售更准确、更安全、更快捷,那就必须勤于总结生理原因和心理原因,请遵循第五大销售要诀,做到如下几点:

你只有短短的10秒钟来打破客户的"遐思悠悠",必须用3分钟的时间把你最引以为豪的"卖点"灌输给客户,让他无论在身体上还是在精神上都不要开小差!

每个销售要诀都是基于这样的理念——强调"销售台词"。首先,挖掘你的"卖点",然后用"字字珠玑"的语言表达出来;"绘声绘色地讲述产品的'卖点'",以便高效地证明你的观点;不问买不买,而问买哪个。这样你就可以在客户心理达到饱和点之前圆满结束谈话。

遵循这几大销售要诀的同时,你的音调也很关键,就好比电报员发电报,如果没有正确地按键,什么信息也发不出去!

你要想办法让潜在客户直流口水,千万不要让他们身心俱疲,因为每个人在不能够参与互动的时候都会感到无聊,每个演员都知道在观众还想看下去的时候停止表演!即便是马戏团的巡回表演,如果我们观看的时间太长,也会出现视觉疲劳。当你喝完两瓶巧克力汽水之后再喝的时候,会感觉第三瓶的味道是苦的!

因此,现在,请重温一下这五大销售要诀,将它们牢记在心！把它们融入你自己的事业当中！找到产品的"卖点"，练习将这些卖点浓缩成10秒钟的"字字珠玑"。问问你自己，如何才能在介绍"卖点"的时候做到绘声绘色。你可以学习律师的用词技巧，问出"哪个""哪里""何时"和"如何"，从而更快地结束谈话吗？然后研究一下你的音调：你的声音听起来是否诚实可信、有说服力呢？

如果你能用"是"来回答这些问题，那么你无论销售什么产品，都算得上一个合格的推销员，足以勾起客户的兴趣和欲望，驱使他们购买你推销的东西！

这个销售要诀很简单：

> 要用简洁精当的语言来夸耀自己产品的"卖点"，并能绘声绘色地介绍产品的卖点。记得每次推销时都不要喋喋不休超过3分钟！

第十章

别糊弄乡下人,他们懂城里人的套路

如今的乡下人也不是好糊弄的,说起百老汇,他们比旅行社推销员更熟悉。不要再白费口舌忽悠乡下人了,他们很讨厌推销钢笔的小贩,也时刻警惕着招揽生意的说客。

博斯特牙膏公司总裁查尔斯·莱塞先生邀请我们去帮他们研究这样的课题:在杂货店出售他们的牙膏时,应该说些什么,配合什么样的动作。我们调查了很多杂货店之后,总结出在香烟柜台前推销牙膏的好办法。

现如今,喜欢真诚询问的推销员又一次取代了喜欢夸夸其谈的推销员。顾客买了一些香烟之后,店员会说:

"你有没有用过吸烟者专用的牙膏呢?"

这句话会引起顾客极大的兴趣,顾客自然会说他不熟悉这样的牙膏。此时,店员应该抓住时机举起一支博斯特牌牙膏,对顾客说:

"这是专门为吸烟者准备的牙膏。"

这是一种有专门用途的牙膏,它的作用显而易见。如果顾客要求证实一下,推销员可以把烟吹到纸巾上,然后用一点点牙膏擦掉纸巾上的烟渍（第三大销售要诀——绘声绘色地讲述产品的卖点）。

根据我们记录下来的"销售台词"统计数据，俄亥俄州的一些杂货店在一周之内卖出了之前博斯特牙膏三个月的供应量。

粮仓门锁有双重保险

前几年，在全国拥有 1400 家连锁店的彭尼公司认为，如果他们的销售人员能在正确的时间说正确的话，他们会卖出更多更好的商品。

副总裁雷诺兹先生安排给我一项任务，就是为这些大商店开一个销售台词研究室，分析每一件商品的销售特点和购买者利益。给我印象最深的是一次推销灯笼裤的场景：当女客户问到"灯笼裤的优点"时，店员就会向她展示两种不同价格的灯笼裤，然后指着更好的那条裤子说："双行缝边，双重保险，不会开裂！"大多数彭尼商店都坐落在小镇上，那里的妇女都知道粮仓门锁有"双重保险"的好处，所以当店员告诉她们这款裤子有"双行缝边"的时候，这 4 个字胜过千万句花言巧语。

只要你选择正确的词汇，就可以听到收银机有钱存入时令人愉快的声音！

如何销售浇上冰激凌的苹果派

每一个餐馆老板都想通过在苹果派上面浇冰激凌，让苹果派更加美味，如此一来，平均销售单价就会提高10美分。

"喜欢苹果派上加冰激凌吗？"这句话永远不会吸引顾客，因为他们的舌头上写着忧郁的"不"字，他们首先会拒绝你，然后再考虑其他问题。

德国斯特联合商店邀请我们去帮忙提高他们的餐馆业绩。关于如何询问顾客是否喜欢苹果派上加冰激凌的问题，这里有36种方法。

最后，让我们再重温一下那些经典的销售要诀——让女服务员询问顾客："你喜欢在苹果派上添加香草冰激凌还是巧克力冰激凌呢？"顾客的思想会在香草和巧克力之间波动，而不是考虑要不要冰激凌的问题。不管顾客决定选哪个，吃起来都会更开心——餐馆老板也会多赚点钱。

"买哪个"比"买不买"更有力量；用问号来"勾住"潜在顾客，要比用感叹号来"招揽"顾客更好。

若想捕到更多鱼，鱼钩自然比撬棍管用。

自吹自擂的推销方式已经过时了

让我们回顾一下推销员忽悠"乡下人"的那些日子吧，他们总是口若悬河地对着乡下客户讲大话，还时不时感叹一下，把那些没见过世面的客户忽悠得晕头转向。瞧那个旅行推销员，一只手勾住背心，德比礼帽斜戴在头上，正在口若悬河地讲电影《不夜城》的故事，让乡下女孩儿神往不已。

可如今，乡下女孩儿已经不再像当年那样没见识，大城市对她而言已经没有什么神秘的了。她看过《不夜城》的电影；她读过杂志；她有一辆可以随时开到镇上的私家车；她对纽约和好莱坞的了解比今天的旅行推销员还要多。

所以，不要再花言巧语了！今天的人们都对推销这种事很提防，对推销钢笔的小贩很反感。他们熟知今天的推销策略，他们需要现场验证产品的功能（B）。他们想买到货真价实的东西，而不是掉进别人的圈套。

当你"词穷"时该怎么办？

当着专业人士的面，就某种产品胡诌一气，是一个非常好的办法，能帮你让客户开口，因为对方会立刻跳起来纠正你。

如今，当一个乡下女孩儿意识到你向她询问是为了找个话茬时，她往往会表现得比本地居民更了解第五大道的风格时尚。为了避免让人有这种感觉，你可以胡诌一气，装出一副对某些方面很懂行的样子，比如高尔夫、钓鱼等。看看对方会不会暴跳如雷，来"纠正你的胡诌"。这是一个很好用的销售技巧，简单试一试，看看效果如何。

卖黄油的故事

艾拉和乔治·比克利经营着费城最大的黄油鸡蛋经销公司。他们在"费城扶轮社"和"穷理查俱乐部"听了我们的演讲，于是邀请我帮他们设计出一套推销黄油和鸡蛋的技巧。

我们进行了几次会谈，其中有一次谈的是有关餐馆老板的问题，具体如下：

"琼斯先生，你知道用比克利黄油涂面包比很多其他品牌的黄油涂得面积大吗？"

餐馆老板感兴趣的问题是如何降低黄油消耗量，所以他对推销员表示怀疑，但还是微笑着告诉推销员，这是不可能的事情。

推销员说："你在用黄油涂面包的时候，是不是涂到某个角落的时候会突然黏住，或者虽然涂满了面包，但一点都不均匀呢？"

我们所有人都有过这样的体验，所以餐馆老板只好承认他自己的餐厅里也经常碰到这样的情况，这就是为什么客人会用很多块黄油的原因。后来，餐馆老板让推销员证明一下比克利黄油不会黏住，推销员立即开始进行"产品秀"。

多问一句"你怎么看"

我们还设计了一个用提问的方式推销黄油和鸡蛋的有趣方法,就是多问一句"你怎么看"。在销售经理麦卡伦的协助下,我们设计了如下销售台词:

"我来自比克利公司。公司派我前来征求你们的意见,我们如何才能帮助零售商提高他们的黄油和鸡蛋销售量呢,对于这个问题,你怎么看?"

这种方法比通常的"你要鸡蛋吗?"或"琼斯先生,你要订黄油吗?"更加有效。

要学会向人们征求不同的意见。这是一个巧妙的销售理念,你们双方都会相处得更好,学到更多。请在你将遇到的下一个客户或朋友身上试验一下吧。

请记住另一个很好的销售要诀:

有时候,胡扯一下也无妨——记得多问"您怎么看"!但是,确保你的问题不要带有明显的推销痕迹,因为乡下人也懂城里人的套路。

第十一章

再漂亮的成交签字也不会凭空出现

当你采取行动的时候,要在60秒钟之内,"客户心理达到饱和状态"之前搞定他。布丁好坏,一吃便知!别错过大赚一笔的机会。

就像旋转木马每转一圈就会给你一个机会去抓住铜环一样,每一次销售都会给你很多与潜在客户签单的机会。

妮尔是村里的美人,有许多前途无量的求爱者,但是有一天,她嫁给了一个朴实的小伙子,他有一颗金子般的心,却是身无分文的穷小子。有人问她,这么美为什么要跟他吃苦受穷,她甜甜地说道:"他是唯一一个向我求婚的男人!"

如果你想要签单,就要提出来!

成功签单的技巧

如果你突然拿出一张订单和一支镀金钢笔来让客户签单,往往不会成功。其中的技巧问题很微妙。

佳斯迈威公司的员工以一种很机智的方式询问一对夫妇："你们喜欢阁楼上的空房间还是地下室呢？"（请参考"惠勒销售要诀之四"）如果夫妇俩意见一致（这种可能性很小）的话，推销员就成功了；如果夫妇俩争论不休，推销员还是成功了，因为无论是丈夫赢了还是妻子赢了，推销员都可以成功签单！

我见过胡佛吸尘器公司的培训总监鲍威尔，他介绍了许多这样的巧妙提问法：

"您也许不知道我们为什么称之为'150美分模式'吧？"

潜在客户问为什么，鲍威尔回答说：

"因为您每周只花150美分。这笔交易很划算，不是吗？"

如果女客户告诉他，她必须征求一下丈夫的意见才能给出答复，他会说：

"每周1.5美元就是一天两枚硬币，不是吗？您在小摆设上花了那么多钱，不是吗？"

不要说"请您签字"，而是让对方认可

许多人在要"签字"的时候开始犹豫起来，所以推销员要避免"请您签字"的直接表达。

下面的几个委婉说法就很好听：

"把您的认可写在这里，先生。"

"这是需要您同意的地方。"

"把您的大名写在这里。"

不要扑过去拿钢笔,你会吓潜在客户一跳!请把钢笔和订单早早地准备好,让潜在客户很自然地看到。如果可能的话,请把钢笔放到客户的手中。胡佛公司的一名男推销员把地板上的灰尘弄到了订单上,然后用铅笔掸去了灰尘,对客户说:

"您知道吗?这些灰尘正在侵蚀您的地毯。"

他把订单和铅笔递到客户的手里,让她体验一下可恶的污垢和灰尘。订单和铅笔早就在销售流程当中准备好,以便客户签字。当旋转木马与铜环在一条线上的时候,时机就成熟了!

不要问"买不买",而要问"何时买"

永远不要问"买不买"——而要问"何时买"!例如:
错误:"如果您决定买下来,我敢肯定您会喜欢的!"
正确:"您买下它后,一定会喜欢的!"
错误:"如果您想看一下演示……"
正确:"您何时参与我们的产品演示呢……"
"买不买",这么说没有底气!不要这么说,它削弱了你的语气。你这样说就等于承认你对产品没有十足的自信。"何时买",底气十足。

"买不买"是消极的问法,"何时买"才是积极的问法!

霍华德·杜根进城了

克利夫兰市斯塔特勒酒店的前任经理霍华德·杜根，现在是这家连锁酒店的副总裁，他得益于我们一起开发的"销售台词"。他决心第二年再次激发人们对五大湖区博览会的兴趣，并让克利夫兰市商人出的赞助费比上一年增长一倍。

霍华德没有打电话召集博览会的赞助商们，然后告诉他们今年的任务就是从他们那里募得去年两倍的赞助费。相反，他在心中构想了一段 60 秒钟的销售场景。当那个决定成败的"铜环"出现时，他一定要抓住它！

下面是他"轰动一时"的电话销售谈话模拟场景：

"比尔，你是否知道五大湖博览会筹备方正在考虑如何把你明年的赞助款增至原来的 3 倍？"

一句"字字珠玑"的开场白，已经迅速引起电话那头的关注！在万无一失的情况下，霍华德抛出了撒手锏，他开始对着电话大吹特吹自己虚构的计划。他说："现在我有一个计划，不是让你们把赞助款增至原来的 3 倍，而是两倍！"

电话那头的比尔同意了霍华德的建议，所以"铜环"出现了，霍华德迅速抓住它，说："我很高兴你能同意，这样让我们大家都节约了钱财！所以现在把支票寄给我吧，今天下午我会把它交给五大湖博览会筹备方，并且告诉他们，两倍已经足够了——要在他们举行会议决定赞助款增至原来的 3 倍之前把事情搞定!"

接着,支票如雪花般飘来。一个好点子拯救了整个城市,五大湖博览会顺利进入第二个年头!

请记住这样的要诀:成交单不会凭空出现。如果你想要成功签单,就必须让客户同意签字。抓住希望的机会有很多,就看你努力不努力。当看到希望的时候,请在60秒钟之内抓住它——在它离开你之前,在其他人提出异议之前!

当你成功签单的时候,请赶快奔跑到最近的出口——迅速收场,不要磨磨蹭蹭的!

不要"跟他吵",而要"让他买"

我们的目标不是跟客户吵架,而是让客户购买。永远不要反驳客户的异议,要有策略地告知他搞错了。当你向客户表示你接受他提出的异议时,已经让他站到了你这边。

永远不要让客户觉得你对他的异议很生气,请带着自信的微笑,欣然接受那些问题。女客户看到吸尘器可能会说:"这会很费电吧?"你应该说:"您这样想是因为它的吸力如此强大,但是,事实上它很省电。"你必须巧妙地告诉客户,这台吸尘器的用电量很小。如果你说:"当然不会用太多的电。"那客户就会跟你争论不休。

如果客户说:"恐怕太重了,我拿不动。"你不要说:"很重吗？当然不重。"你要说："它看起来很重，但实际上很轻。"

这句话听起来好像是你赞同对方的说法，但实际上，你已经巧妙地让客户被你牵着鼻子走了。

不要"过度反驳客户的异议"

不要针对客户提出的异议做过多的解释，因为这样会引起客户的怀疑。要快速迎合他们的异议，记得要少说话。简短的回答会减少潜在客户"回来"继续讨论的机会！你说话的时间越长，客户就会想出越多的异议。记得要让客户说话，这样你才能赢得思考的时间。你可以询问他对产品的看法，让他一直说下去，例如：

"您更喜欢哪一个？"

"您喜欢这种颜色，还是那种呢？"

"这是您需要的尺寸吗？"

"这个构造很坚固，不是吗？"

"这个摸起来很顺滑，不是吗？"

让客户"同意"你，而不是"反对"你。对于那些"自以为无所不知"的客户，你要小心谨慎地相处。首先要赞同他们，然后说：

"既然您知道这么多，我肯定您会同意这是最好的产品，不是吗？"

"您是一位明智的买家,我知道这个产品会让您很满意。"

"这好像是您喜欢的那种。"

请不要跟"自以为无所不知"的顾客争论不休,我们的目标不是"跟他吵",而是"让他买"。请做个聪明的推销员,先同意对方的说法,然后婉转地摆出自己的观点。先说"是的",再说"但是"。

你最好对"自以为无所不知"的顾客说这样的话:"我很高兴找到一个真正了解这款产品的有识之士。现在请告诉我,您认为这两个产品中哪一个更实用呢?"

尊重那些"自以为无所不知"的客户们

让"自以为无所不知"的客户们感觉你很尊重他们的意见,如此一来,你才会有信心让他们听你的话。有了这样的前提,他们就很容易购买你的产品。

不要试图打断那些"自以为无所不知""总是大惊小怪"或"鸡蛋里面挑骨头"的客户们。让他们一直说下去,从而达到放松自己的效果。

有时候,"自以为无所不知"的客户就是第三方。不要忽视或回避第三方的问题,请用类似于下面的问题向他们提问,勾起他们的购买欲望:

"您的意见是什么,先生?"

"您喜欢哪一种，夫人？"

"您觉得怎么样？"

永远不要忽视这个事实——我们的目标不是"跟他吵"，而是"让他买"。我们要先同意对方的观点，然后婉转地摆出自己的观点，记得要避免任何不必要的争论，锁定那些可以勾起客户购买欲望的话题。

记住这个销售诀窍：

> 我的目标不是"跟他吵"，而是"让他买"。

第十二章

如何摸清潜在客户的"热度"

我们可以通过触摸墙壁来了解房间的温度——我们需要知道墙壁是冷还是热,从而决定窗户是开还是关。我们也同样应该试探一下潜在客户的热度,从而调整我们的销售策略。

我们和潜在客户谈了几分钟后,就要试探出客户对我们产品的热度,看看他是冷淡还是热情,从而想出恰当的收场白。

这里有一些问题,我们可以用来测试客户的"热度";还有一些词汇,我们可以用来试探客户的热度。下面是几个很有效的问法:

"您更喜欢哪一个,这个还是那个?"

"您觉得这条绳子够长吗?"

"这很容易理解,不是吗?"

"您是用现金支付还是支票转账?"

"您通常采取哪一种支付方式?"

"您接受送货上门服务吗?"

"您能把它放在客厅里吗?"

"这份保险的受益人是您儿子吗?"

这些问题都可以撬开对方的嘴巴,其中大部分问题都可以不让对方只是简单地回答"是的"或"不是",而是一定要说一些有实质内容的话。

让他说说话,他就可以"热热身"。就像冰冷的发动机需要预热一样,冷静的客户也需要热身。他说得越多,他的异议、愿望、野心、偏好、厌恶等信息就会透露得越多。通过这些,我们就可以确定自己的销售流程,从而设计下一步销售谈话。

在销售过程中,你要三番五次地试探客户的热度,以便设定下一步销售策略,正如医生测量病人体温以便采取下一步治疗措施一样。

请挖掘出"卖点",这就是销售行家的必备技巧和能力!

使用巧妙的收场白

永远不要忽略你的商品的性能、作用、销售包装等优势!

要学会使用简洁的收场白,并树立自己的信心:你已经找到产品的"卖点",并满怀信心地告诉客户,鼓励客户也喜欢你的产品。你可以这样说:

"我确信这款产品符合您的特别需要。"

"这就是您期望的同类产品中的最优产品。"
"它将更细致入微地为您服务。"
"我相信这就是您想要的东西。"
"您会发现这款产品对您最方便。"
"您知道，您会很喜欢这款产品。"

不要说那些听起来很迟疑的话——"这似乎是您需要的"或"也许这个很好""或许——"要说得具体！要说得直接！要态度积极！要拥有自信！

当你试探客户的"热心度"时，他经常会提示你，他还想听到更多介绍，或"看看别的产品""了解一下价格更低的产品"，如果客户诚心购买，他会使用这种语言：

"我不喜欢这种特殊的风格。"
"那不是我想要的。"
"没有更小一点的吗？"
"没有价格更低的吗？"
"还有别的什么颜色吗？"

当你听到这些"真诚"的话时，请展示更多的产品，提供更多的信息，或介绍其他价格的产品，或以某种方式进行妥协。客户要买你的产品，但不一定非要买你当时推销的那个产品。

下面有几句销售台词，是专门为那些迟疑胆怯的"需要推销员加把力"的客户设计的。不要把这些客户与那些只是想多看点热闹的人混为一谈。他们会说：

"嗯，看上去不错，但我拿不定主意。"

"这比我想象的要贵。"

"那不是很贵吗？"

"这是你们店里最好的产品吗？"

"很多人都买这个吗？"

这些客户只是希望给你们的"推销"增加一点难度。正如你所看到的，他们的话弱不禁风。如果你在试探客户热心度的时候，听到了上述的某一句话，那你就可以使用收场白了。本次交易将圆满成功！

不要回避批评

如果你试探客户热心度的时候，却得到了客户的批评或争论，请不要回避这个问题，也不要直接反驳，而要学会转弯抹角地化解问题。你可以这么说：

"我很高兴您提出了这个问题。我只是想解释一下……"

"我就要讲您提到的那个功能了，但首先让我解释一下这个功能。"

你要先赞同客户的观点，然后再想办法转变他的思维。

如果潜在客户说:"嗯,看起来不错,但我拿不定主意。"你可以说"看起来不错,也适合您的需要"等等。

如果客户说:"这比我想象的要贵。"你可以说:"这台机器的功能很全面,只是我想告诉您,它在哪些方面更符合您的要求。"

如果客户说:"这也太贵了,不是吗?"你可以说:"这是一台很好的吸尘器,夫人,我想向您展示一下它的优越性能。"

接下来,你可以直接做产品演示。

还有一个不错的销售诀窍:及时总结产品的作用!当你概述产品的优点之后,用这样的话来作为总结:

"您家已经有三台搅拌机了,可是您还需要一台搅拌机,您的丈夫可以用它来打饮料,您可以用它来做蔬菜泥和榨橙汁,还有其他用途——这是您所能看到的功能最全的搅拌机,是不是?"

还可以用一句简单的话来概括:"鉴于您的特殊情况……"

你要经常根据客户的具体需要来把他们正确地分类。如果一个客户在为她的小孩四处寻找轻便大衣,请不要试图卖给她男士大衣。在推销产品之前,务必搞清楚客户的真正需求和具体要求,然后将产品的作用和客户的需求进行权衡,说出恰到好处的销售台词!

在销售过程中,你要经常试探客户的热度,一定要确保你的销售台词可信,切不可过分吹嘘。你要摸清客户心里想什么,再向他推销合适的产品。

医生可以测量病人的体温,你为什么不能试探客户的热度呢?

第十三章

有些话表明客户已经同意购买你的产品

每一个优秀的推销员都会本能地——或有意识地——在客户的话语中寻找这样的信号,这表明对方已经同意购买他的产品,而且已经到了签单和付钱的时候了。

你越有经验、越细心,就会越快地发现这些信号。当你看到这样的信号时,一定要伸出手去抓那个给你希望的"铜环"。当"购买信号"出现时,如果还继续滔滔不绝地说话,那就不是明智之举了,你会失去这次唾手可得的成交机会。

以下是一些良好的购买信号:

"我怎样才能保持它的光泽呢?"

"它可以干洗吗?"

"普通磨光就可以吗?"

"可以两个人或更多的人使用吗?"

"这是你给我的最优惠的价格吗?"

"它容易被划伤或失灵吗?"

"你会提供额外的配件吗？"

"你会送货上门吗？"

"我要等多久才能收到货呢？"

"你什么时候送货到我家？"

"这是最新的机型吗？"

当"购买信号"闪现时，就不要继续推销了。你可以转移话题，提一些客户还没有想到的方面，转移一下他的思考方向。

当购买信号出现时

当购买信号出现时，请拿出笔和订单，并使用这样的收场白来达成交易：

"您现在就要拿货吗？"

"下个星期四送货好吗？"

"我把它送到哪个地址呢？"

"您有我们银行的账号吗？"

"您更喜欢哪一种保险单？"

"我们什么时候可以着手处理呢？"

消费者可以通过一些行动来发出"购买信息"，而不是通过语言来表达，例如：

他可能会伸手拿笔或支票本。

他可能会退一步再好好看看。

他可能会抓抓下巴再做决定。

他可能会擦掉污点,看看标签。

他可能会打开看看。

他可能会坐下来。

他可能会阅读包装上的文字。

他可能会重新启动马达。

他可能会打开开关。

他可能会拿起空白合同。

每当购买信号出现的时候,请尽快使用巧妙的收场白。成功就在眼前,不要继续推销产品了,谈一谈合同细节吧。

有影响力的推销员总是喜欢努力寻找"购买信号",一旦获得这种信号,就得马上停止喋喋不休!

报价的艺术

许多交易的失败是因为不会灵活处理价格问题,说话时犹犹豫豫,或者粗鲁地对客户讲话。报价是一门艺术,请好好学习这门艺术吧。

有时候,如果不能调整好价格,就会失去销售机会;有时候,如果不能让"卖点"脱颖而出,就无法制止客户死揪住价格问题不放。

许多情况下，客户悻悻离去都是由于未能使产品的低廉价格、强大功能与消费者的利益相匹配。许多失败的交易都是因为当客户"耽搁"我们的销售良机时，我们自己没有继续坚持下去，直到出现"购买信号"——其实希望就在眼前。

早点准备报价

要早点准备报价问题。你可以说："让我们谈一下价格吧，但先让我给您展示一下这项功能。"或者说："先让我给您看一下这个吧。"或者："很高兴你会谈到价格，我这里有个惊喜给您。首先，我想再告诉您一个功能。"

请在勾起客户购买欲望之后再谈价格，那样才会有意义。

不要回避这样的提问："多少钱呢？"如果你回避价格问题，就会迅速降低成交率，什么利益、价值、功能、作用、优势等介绍都会付诸东流。请马上回答价格问题，让它成为心理诱导的一种动力。

永远不要假装你没听到询问价格，这将给客户的心理造成阴影，让他们对价格问题小题大做。请立即回答价格问题。通常情况下，客户问："多少钱？"你可以间接地回答："这种吸尘器的价格有好几个档位，首先，我想向您展示一下新式的灰尘探照仪。"或者你可以这样回答："这取决于哪一款机型可以最好地为您服务。现在让我向您展示一下两种机型的不同功能吧。"

让我重申一下：当你谈及报价问题时，不要莫名其妙地突然停下来，请继续谈下去。只要用词恰当，价格问题就会变成过眼云烟，融入对产品的兴趣当中。但是，如果在报价时候突然停顿下来，就会让客户对价格问题格外介意。

一周支付一次显得比较便宜

分期付款往往最好，可以把整个款项分割成小份，一周支付一次，当然要比一次性付款显得便宜。

如果你的商品或销售包装中有"赠品"，就不要再加钱了。不要主打商品先报一次价，然后赠品报一次价，放在一起报一个总价就可以了。如果有必要的话，告诉客户，她可以购买主打商品或小配件，并获得额外赠品。

永远不要报价太高，也不要报价太低。要做到价格不高不低，让客户感觉很舒服。太高的价格会让很多客户害怕，太低的价格也是一样。请根据客户对一个相对居中的价格的反应，来选择向他介绍一个较高价商品或者较低价商品。

当客户告诉你"价格太高"的时候，你可以说："它看起来价格很高，但它是您可以买到的最好的产品。"或者，你可以认可价格确实很高，然后列举两三个"卖点"，来证明价格高是值得的。比如："是的，价格是很高，但很值——因为它有一个特别的清洁功能,这个功能在其他型号产品中是找不到的。它值得这样的成本差异,是不是呢?"

卖的是"储蓄",而不是"成本"

只要有证据显示这款产品节省维修费用,你就可以说:
"首上市价确实很高,但它节省电费。"
"是的,但它可以保护地毯、节省电费,同时还可以减轻您的背部疲劳。"
"夫人,它的价格与它带给您的便利是成正比的。"
许多价格异议是由女客户提出的,她是想用你的回答去说服她丈夫;同样的道理,丈夫也可以用你的回答去说服他妻子。

给客户讲一些价格高的理由,以便她可以解释给她的配偶、父亲、母亲或老板听。给她为自己辩护的证据,说服她下定决心购买你的产品。

帮助客户做决定

请给客户提供帮助。客户在下决心购买产品的时候需要你的支持。

请鼓励客户做决定。请向那些犹豫不决的客户解释他们需要购买本产品的原因。通常我们通过这样的方法来帮客户快速做出决定——把这件产品移到商店的其他地方。如果是一件银器，你可以找张桌子铺上桌布，再把这件银器放在上面；如果是一件外套，你可以请一个模特儿穿上这件外套；如果是一辆汽车，你可以把车开到大街上，单独展示这辆车。

当客户对价格有异议的时候，请接受这个异议，确保它是唯一的异议，然后努力说明价格毕竟是小问题，最后灵活地掩盖这个问题。

你可以说："价格是让您犹豫的唯一理由吗？"让客户同意你的说法，然后告诉他，这款产品可以节省维修费、电费、保养费、汽油费等等。

当价格问题成为最大障碍时，如果列数一下购买者利益，往往会让价格听起来合理一些。当你报价的时候，列数产品的功能和作用，价格问题就会变得无足轻重了。

"你为什么会认为价格很高呢？"

当客户把价格太高看成主要问题的时候，请学会使用高效的"销售台词"："您为什么会认为价格很高呢？"然后，客户就会解释他认为价格很高的原因，这就让他从"进攻"转为"防守"。他发现自己很难解释其中的原因，这就给了你思考的时间。在许多情况下，当客户听到自己的说辞时，就会感觉这些理由很蹩脚，很牵强，很荒谬——他会为自己先前的借口感到很抱歉，接着，他通常会这样说："噢，我想这个价格很公道。帮我把它包起来吧。"

"为什么"这种提法很奏效，这让潜在客户很难应付。让客户告诉你他认为价格太高的原因，然后，你就有了进一步推销的机会。要学会经常反问客户的托词和借口。

一旦你掌握了这些简单的销售诀窍，报价的艺术就显得非常简单了。在任何销售当中，价格一直都是你必须克服的重要问题，如果你懂得如何使用巧妙的收场白，就会在销售领域无往不利！

调整好你的报价方式，不要把笔和订单突然放在客户面前。任何一场销售都必须遵循这个关键要诀。

学会报价的技术和艺术，会带给你丰厚的回报。

销售台词总是比价格标签更管用。

第十四章

这些销售台词能让客户说"我买了"

推销员如何轻而易举地让客户同意购买他的产品?搬运工如何轻而易举地让客户同意让他搬运行李?对于客户的反馈信息,我们如何处理呢?

那天,我提着行李包匆匆赶去费城。当我来到宾夕法尼亚车站横穿大半个门厅的时候,一个面带微笑的搬运工指着我的包,对我说:"你乘坐哪一列火车?"

我以为列车表可能会有变化,于是告诉他,我赶十点的快车。这个搬运工一边伸手碰我的包,一边说:"我会很快帮你直接带到右边的站台上。"

我应了声:"好吧!"

我坐上火车后,突然意识到,搬运工已经在我身上使用了一句有力的销售台词。他赚到了小费,我很快到达站台,我俩达成了双赢。

可是,假如那个搬运工走向我,说出很普通的拉生意的话:"我可以帮你拿包吗?"我会说:"不用了。"因为我的包很轻，没必要让一个人跑在我后面，帮我拿这么小的包。他的销售台词非常微妙。这个搬运工有着多年积累的经验和销售演示，所以能游刃有余地说出最令客户心动的销售台词。

我们的街头杂货店位于长岛森林岗，有一天，一个女顾客走进商店来买力士牌香皂，这种香皂有大小两种尺寸。杂货商知道，如果问她："要大块的还是小块的？"她通常会回答："哦，我喜欢小块的。我可以随时过来再买一块。"

杂货店里的"销售台词"

不幸的是，下次当她用完香皂后，可能会去其他商店买新的，如此一来，生意就跑到别家商店里去了。有时候，生意就在你眼前，只要你努力，就会唾手可得。因此，杂货店的店员如果想轻而易举地让那个女顾客买下大块的香皂，他可以这样说："您要家庭装节约型香皂吗，夫人？"那个女顾客会说："哦，是的，家庭装节约型。我喜欢购买经济实惠的家庭装。"

又一天，一个女顾客要买1.5磅牛排。现在，即便是杂货店和肉摊的熟练员工，也时常会多切一点。当这种情况发生时，我发现有两种方法可以轻而易举地让这个女顾客愿意买下这块切大了的牛排。

在这个例子中，店员多切了牛排，不是1.5磅，而是2磅。如果他很抱歉地对这个女顾客说："是不是太多了？"女顾客可能会说"是的",店员就必须削掉那半磅牛排。这是很难做到的,也很浪费,因为那半磅牛排是不容易卖出去的。

但有经验的店员在判断失误而切下过多的牛排之后,通常会说:"46美分,够不够?"

他很少提到重量,只是提价格,还插入了那句有力的销售台词:"够不够?"在这种情况下,大多数女顾客会回答:"哦,够了,完全够吃了。"

如何出售办公楼

那天,我去第五大道521号寻找新的办公楼。我找到业务员,说出我的租房条件。他给我看了几处办公室,说出的话总是让我不忍心拒绝。比如,他问我:"您喜欢哈得孙河的景观吗?"

谁会不喜欢呢?我说我喜欢。然后,他带我到大厦另一侧的一个办公室,再次问我是否喜欢这里的风景,这次说的是东河与长岛的风景。我说我喜欢。突然他说:"您更喜欢哪一个景点呢?"

我想了一会儿,权衡了两种观点,然后告诉他,我更喜欢长岛的风景。我的家就在那里,此外,早晨的太阳不是很热,可以照进我的办公室。

"想象一下您租下这个办公室的美妙景象吧。"他的话机智巧妙，我意识到自己已经快要签单了。（最后我租下了面朝长岛的一套办公室。）

有时你可以故意扭曲销售台词、曲解社交谈话，巧妙地促使客户对你说"我买了"。

赢得客户的积极响应

你可以一边进行愉快的争论，一边获取对方的积极响应。你重复他的异议，并问他："这是您不加入我们高尔夫俱乐部的唯一理由吗？"

他告诉你"是的"。也就是说，他同意你的说法。你已经轻而易举地让他同意你的观点了。如果你对他说："这是一个糟糕的理由。"他也许会回击你："不，先生，这是一个很好的理由，至少对我来说是这样。"

请用下面的方式扭曲话语，从而让客户答应购买你的产品。

"我想帮您做成黄油和鸡蛋生意，您也想那样，是不是？"比克利公司的推销员对着他的潜在客户这样说，让客户不得不同意他的做法。

"您已经同意买下黄油和鸡蛋了吗？"这样问可能会得到客户早已准备好的否定答复。没有人愿意改变自己的想法——或者说，他不想让你感觉他要改变自己的想法。

当你想听到客户的批评时

一些酒店老板想听到客户嘴里说出的批评意见,因为他们总是能够意识到,提高服务质量的唯一方法就是让客户说出烦心的事。当我们为斯塔特勒酒店开发销售台词来帮助其改善服务和深入联络客户的时候,我们想出了一个可以让客户做出肯定回答的问题:"不知您是否满意这里的一切?"

这种积极的提问会让许多客户不由自主地回答说"是的",因为这是一个诱导式提问。这种探问的语气当然要比光溜溜的一句"你是否满意这里的一切"要好得多,后者往往会给客户一种强势的感觉,从而引起某些客户的抱怨。他们的内心会极端不满,下次旅行时,就会选择另一家酒店。

重要的是,我们要善于发现潜伏在酒店内部的任何烦心事,不管我们多么小心谨慎地伺候客户,都不能让所有的人都满意。水龙头在滴水,电子钟很嘈杂,窗户嘎嘎作响——这些小问题都要及时发现并解决,以免打搅到客户,这样才能让他们经常光临我们的酒店。

因此,我们开发并检验了下面的销售台词。这句话的言外之意就是:如果存在不妥,允许客人提出投诉;如果没有不妥之处,客人就会说一切都好。这句销售台词就是:

"先生,您喜欢这个房间吗?"("先生,你喜欢这里的饭菜吗?")等等。

这是一句简单的话，也是一句非常奏效的销售台词。

当然，并不是每次利用这个销售诀窍都会让客户满意，有时候，一个真诚的"拒绝"也会让你受益匪浅。

但总的来说，如果你想与他人和睦相处，尤其是你的客户或交际对象，请你时刻铭记如下的销售诀窍：

巧妙提问，让客户对你做出肯定回答。

如何避免客户的拒绝

当别人对你说"不"时，你的面前就像横着一座山，让你无法跨越。你要学会巧妙化解对方的傲慢和异议，必须让他"展开双臂"接纳你。

当你想获取潜在客户的反馈信息时，通常会这样问："您考虑过我的意见之后，是否改变了想法？"

没有人想让别人去改变他的想法，尤其是不想被推销员改变，人们都喜欢"坚持自己的主张"。哦，是的，不过有些人也会改变主意——但不是被别人改变，而是自己主动改变。

如果你要问一个潜在客户可能会拒绝你的问题，也不必太为难。你最好这样说："上次我跟您说了，您的问题就是价格问题，是吗，琼斯先生？"

他必须回答"是的"，因为你重复了他想说的话，并重点拿出来跟他讨论，这让他感觉很舒服。

接下来，你可以说："我一直在考虑价格问题，我想知道如果我们不从这个角度看的话……"给他讲讲你在最近的销售工作中遇到的新鲜事，一旦勾起他的兴趣，他就不会太在意价格问题了。

有些人喜欢拒绝人

正如你所读到的，比克利商店训练有素的推销员永远不会这样问客户：

"今天需要黄油和鸡蛋吗？"

他不给客户说"不"的机会，他总是使用类似这样的销售台词来勾起客户的购买欲望：

"你们这个星期想多卖些黄油和鸡蛋吗，吉姆？"

当然，吉姆必须说"是的"。

人们喜欢说"不"。说"不"比说"是"更容易——因为对于很多人来说，"是"这个字似乎削弱了他们的意志，他们喜欢因自己的坚定态度而自豪。

不要给他拒绝你的机会

马歇尔·费尔德在与人谈生意的时候，总是会提问，这些问题的答案往往是"是"而不是"不"。他由此明白了对方内心第一反应是怎样的，迅速设计出与此人做交易的应对方法。

埃米尔·路德维希这么评价拿破仑："拿破仑一半的成就归功于他的语言力量。"

在金字塔下，拿破仑对军队说："士兵们，四千年的岁月在俯视着你们！"（他的话就是"卖点"）

他说："我会带领大家前往世界上最丰饶的平原，在那里你们会找到繁华的都市。"

拿破仑的另一句名言是：当你荣归故里的时候，你的邻居会指着你对另一个人说，"他曾追随拿破仑在意大利征战。"

拿破仑深谙说话的艺术。他与下属对话的时候，绝不会给对方说"不"的机会，他会这样问下属："你们有足够的食物吗？你们对战况满意吗？"

根据阿尔伯特·加里[①]的观点，"如果一个普通人语言运用得非常娴熟的话，他会滔滔不绝地一直说下去。"

你自己讲就行了，也可以偶尔让其他人插几句。在他身上使用诱导式提问，让他一直说下去，记得不要提出那些诱发负面反馈的问题。

记住这条销售诀窍：不要给对方拒绝你的机会。

---

① 阿尔伯特·加里：美国律师，美国钢铁公司的创始人之一，J.P.摩根、安德鲁·卡内基、查尔斯·斯瓦布等钢铁大亨的合伙人。——译者注

适时结束当前的话题

当你说服客户的时候，往往会被迫结束当前的话题，从而腾出精力来与之进行深入的讨论，或者等待客户的反馈意见。

有的推销员很警觉，他不会机械地结束当前的话题。为了避免被动局面，他通常会主动巧妙地结束与潜在客户正在谈的话题。他会这样说：

"您不用今天就做决定，我不想催您。我们可以暂时把这件事放下，下次见面的时候再谈如何？"

这种方法往往可以达到很好的效果。很少有人喜欢被人催促——哪怕是很小的事情。他们希望有时间"想一想"，如果你是第一个建议他"想一想"的人，那你已经赢得了他的青睐。因此，如果客户必须推迟决定的话，请做第一个建议客户推迟做决定的人。

不要死缠烂打

不要总是穷追不舍，直到别人被迫想办法和借口来摆脱你。如果你总是死缠烂打，让客户一心想着逃避你，那他永远也不会再回来买你的东西。

我认识一个人，他在第五大道的一间办公室里上班，不幸的是，他每天都要被迫与很多人交流。他跟每个人只交谈 5 分钟，然后他的秘书就出现在门口，对他说："别忘了您的约会，先生！"

这种方法往往会让拜访者知难而退。要记得剧场的一句古老的格言："当观众还想看下去的时候，请停止你的表演！"

当你推销汽车的时候

如果你想说服某人买一辆车，就带着他开上车去兜风。汽车的卖点是开车兜风，而不是汽车本身。但是，如果你看到某个客户总是拿不定主意，可以这样说："现在想想，史密斯先生，如果这真的不是您想要的类型，那我就不会建议您买我的车。希望您和你太太讨论一下这件事，我明天打电话给您，好吗？"

这种方法可能会给你带来奇迹。它不仅能让你赢得客户的信任，还会让客户立刻下定决心购买你的产品。

下面是 3 句简单有效的销售台词：

"不着急。"

"慢慢来。"

"好好想一想。"

你可能会急于销售，而一旦你表现出了焦虑的情绪，客户就会防着你——这样你推销就更难了。

如何获得客户的反馈信息

其实，获得客户的反馈信息并不难。你必须在某个恰当的时间询问客户的反馈意见，这种意见往往是反对意见。

如果价格就是那个让客户望而却步的原因，你就可以从这个问题开始说起："上次我们谈了这件事，您说价格是让您打消购买念头的唯一因素，是不是？"你现在就是在引导他说"是的"。

但是，你如果这样说的话，很可能得到否定的回答："您改变主意了吗？"或者："自从上次我们见面以来，您一直在思考我的建议吗？"

10.5 万销售台词在 1900 万人身上的测试效果表明，若想得到客户肯定的反馈意见，那就要紧扣客户提出的关键问题。

例如，你可以说："那是我们最后一次讨论您在海狸街上的家，您告诉我您不喜欢您的邻居，那是您不愿意搬家的唯一理由，是不是？"

那是他自己说过的话，他一定会赞同你。其实，自从他上次那样说之后，你已经做了一些调查，所以你可以用新的事实来转移话题：

"您知道吗？万德斯·普莱斯在墨西哥拥有一个金矿，他马上也要住进这个社区了。您知道吗？布朗夫妇有自己的百货商店，他们有一个女儿住在街道对面。您知道吗？您的高尔夫搭档吉姆上周亲自来观看过这栋房子的建造情况。"

天哪——他还没缓过神来，你就已经转移了话题，扭转了局面。然后，你就可以摆出客户先前提出的"关键问题"，好好分析和劝说，让客户回心转意，购买你的产品。这个简单的收场白适用于任何销售或辩论、商业争论或社会讨论：

"您曾经告诉我，您不搬家的唯一理由就是觉得附近的居民不是您喜欢的类型，这是真的吗？现在，这里有您喜欢的人做您的邻居。这是千真万确的事，不是吗？所以，您犹豫不决的唯一原因其实不算什么障碍。那您什么时候搬家呢？是下个月的1号还是15号呢？"

确保你提出的问题可以得到你想要的答案，这样才能做常胜将军！

第十五章

这些词语助你搞定销售

让我们重温一下那些古老而令人恐惧的话语。牧师说:"你会下地狱的!"庸医说:"这些灵丹妙药可以防止足弓下陷和过早衰老。"江湖郎中更玄乎,他们懂得利用民众的恐惧心理去贩卖狗皮膏药。

一名吸尘器推销员在琼斯太太家里辛苦地清洁地面,他从地毯上吸出了8小堆垃圾。他知道,这个女人看到自家的地毯上堆起8堆垃圾的时候会变得紧张又尴尬。他劝她不要紧张,他说:"不要害怕这些垃圾,琼斯太太,我用这台神奇的机器帮您探照灰尘,这款吸尘器配有获得专利的除垢器,可以清洁表面以下的污垢,这是普通吸尘器无法做到的。今天早上我在史密斯太太那儿吸出了16堆垃圾呢!"

这话让琼斯太太放下心来。她家的垃圾比史密斯太太家少8堆呢!

推销员注意到琼斯太太的孩子。他利用她担心自己孩子身体的心理,对她说:"您的孩子雨天在哪儿玩,琼斯太太?"

"当然是在房子里玩啦。"她的心里充满了好奇,殊不知正中他的下怀。

"那么,这是您孩子雨天玩耍的操场吧,琼斯太太!"他指着那8堆垃圾说。

天哪——她还没意识到这些垃圾堆就是她孩子的"雨天操场"和"室内沙滩"呢。这些话就像"炸药"一样在她的心中砰的一声爆炸了——这就是强有力的销售台词!

"地狱"——史上最恐怖的销售台词

最近,我在水牛扶轮社发表了演讲,散场时一位知名的牧师走上前来告诉我:"我们以前一说起'地狱',就让很多人毛骨悚然,只好星期天来教堂做礼拜。但今天,这个词却失去了效力。"

他说得对,"地狱"这个词已经过时了。它曾经代表硫黄和烈焰,如今却没什么更多的意义了。

我常常听说,传教士比利·辛迪利用"地狱"这个词引导很多人走上了皈依基督之路。但是,比利·辛迪的技巧已经和今天的香烟或德比礼帽推销员一样不值一提了。

我们还会担心别的事,比如:不让孩子用募捐的钱去看电影;不让父亲在做礼拜之前打高尔夫球。某个教会的广告语是这样的:"罪过啊——如何克服呢?"

牧师意识到自己与高尔夫球场和电影的营销人员、汽车销售人员和海滨度假胜地的业主展开了口才较量。他正在提炼自己的语言呢！

江湖郎中那点事儿

江湖郎中可以在任何街道拐角处开展自己的业务，3 分钟内就能搞定一个人。为什么呢？因为他在人群中大声吆喝，他的话可以俘获你的耳朵，还可以吸引你的眼球去寻找他的身影。他只有 10 秒钟的时间去传达销售信息，他的诱导式提问是这样的：

"你有时会感到疲倦吗？你想放弃吗？你每天下午 4 点背疼吗？你每天夜里脚疼吗？你能看到这座大楼顶部的那只鸟吗？你能跳过 3 英尺高的栅栏吗？如果你不能，那么过来吧，先生们，让我为你们介绍一种灵丹妙药，它会在你的血液中注入新的活力，让你感觉像春天一般快乐，像翻山越岭一样开心，让你精力充沛，就像被海风吹过一样。"

江湖郎中正在利用你的恐惧和欲望，并使用诱导式提问，然后获得他想要的答案。他击中了你的第一购买欲望：自保意识（X）！

你一步一步靠近他的药箱。你正在聚精会神地听他蛊惑人心，你也许会心存疑虑——但不会长久，因为这时，这位演说家已经成功利用了你的情感，拨动了你的心弦。他的话对于所有的"患者"，特别是对于那些无病呻吟的人来说，就像音乐一样美妙动听。

"快速缓解"——药店里最好的推销词

如果你走进一家我们已经传授过"销售台词"的商店——平价商店、经济实惠的坎宁安药店或宾夕法尼亚药店，就会发现有两个词被反复使用——"快速缓解"。

奶奶有背痛，爸爸有鸡眼，妈妈有头痛——每一种病都需要去药品柜台买药。药剂师在每种药品的前面摆放一个包装说明，并简单地介绍："这些药可以帮你快速缓解病情。"

每个人购买药品的原因都是他希望自己的病情可以得到"快速缓解"。现在请看看这两个词语的所有变化形式。

你可以看到："快速缓解头痛""快速缓解鸡眼""快速缓解胃痛"等等。

快速缓解——这两个词让药品生产商和药店老板赚了几百万！

这是我们对自保本能的渴望；这是我们对恢复健康和"元气"的愿望；这是我们对自己的身体和青春的担心；这是我们对白发、皱纹或胃酸的恐惧。

但是，切不可吹嘘过度！当你说它可以"快速缓解"疼痛时,你要确保自己的话是真实可信的!

下定决心做出决定

几年前,底特律市坎宁安药店的代表纳特·夏皮罗来到我们的研究室。他的大型中西部连锁店积压了很多治疗脚部伤痛的药品。

"我们该如何将这些药品推销出去呢?"他问我。

我们为他设计了 55 个推销方案。我们尝试了一个又一个句子,最后总结出下面这句微妙、委婉、可以瞬间引人注意的销售台词:

"您需要经常走路吗?"

这是一个诱导式提问,每 12 人中就有 9 人会说他们经常走路。我们所有人都会觉得每天都在走路,这跟该不该走路和想不想走路无关。有了这个精彩的开场白,这家连锁店的推销员就可以说:

"这种药品会让您的脚放松。这是专门为那些要长时间走路的人士生产出来的药品。"

这时,客户就会拿起药品。这就是专门为他们量身定做的灵丹妙药,这就是专门针对他们的自保本能设计出来的销售台词。这句话击退了他们天生的抵抗力,激发了他们大脑中的感性成分,让他们有了掏腰包的小小冲动。就这样,第一周就卖出了数百包药品！又一次，在正确的时间，说了正确的话！

如果你一开始就对客户打感情牌，最后他就会心甘情愿地掏腰包。

所有的牙刷销售一空

布卢明代尔、亚伯拉罕、施特劳斯、斯特恩兄弟、威廉泰勒和萨克斯 34 号街百货商店，都在几个月前卖光了牙刷，原因是使用了一句销售台词，在 10 秒钟之内捕捉了客户的冲动。

原来的表达——"今天需要牙刷吗？""你要不要订购牙刷？""我们今天打特价"等等，都没有卖出牙刷。人们很少囤积牙刷，因为这是一种"日用品"。

有一天，我们的一个研究人员教这些商店里的店员对定期采购的客户说这样的话：

"您有没有用过科技牙刷，夫人？"

客户会问"科技牙刷"是什么，推销员会举起自己最喜欢的牙刷，对她说：

"刷毛自动调整到可以清洁牙缝里的污垢！"

这些"像箭头一样的词汇"击中了客户大脑中某个敏感区域，于是生意做成了。

事实上，在这些商店的销售历史上，首次在一周之内卖光

所有的牙刷——这是"销售台词"伟大力量的有力证明。仅仅两句话就让客户心甘情愿地掏腰包,也让牙刷制造商和零售商的产品有用武之地——帮助客户拥有更好更清洁的牙齿!

有助于销售的柜台标牌

有一天,华盛顿市人民药店的医生比弗和吉布斯告诉我们,他们想推荐客户使用一种避免出汗的腋下体香剂。如果可以推荐男人使用这款产品,那将会在一夜之间开发出一个全新的市场。

我们告诉他们,这是一件很容易的事。我们会指导女推销员去请求客户给她们的丈夫讲述体香剂的许多优点。在家里,如果体香剂的使用速度快一倍,那么女人返回店里购买的频率也会翻倍。

一个很好的创意,但实施效果却不理想!女推销员会对买体香剂的人说:"为什么不告诉您丈夫它有许多优点呢,夫人?"

客户会这样反问:"为什么你会觉得我有丈夫呢?"或者"为什么你会认为我丈夫需要体香剂呢,小姐?"

后来,在香烟柜台前,也试验了这个创意,结果也徒劳无功。有一个男人来买香烟,店员会说:"今天买点体香剂怎么样,先生?"

"不了,谢谢,"那人回答说,"我太太用脂粉。"他甚至不知道什么是体香剂！当他知道体香剂是什么的时候，他觉得自己受到了侮辱，想知道为什么这个店员建议他买这种玩意儿！

"男士专区"的吸引力

最后，我们在香烟柜台前放置了一个标牌，写着"男士专区"。然后在标牌前面放一块卫宝牌肥皂和一瓶体香剂。卫宝牌肥皂包装上建议使用体香剂，因为男人只会关注卫宝牌洗浴产品包装上的男性化妆品广告。他们本能地感觉到柜台上的瓶子具备同类功效。他们害羞地拿起瓶子，问店员："这是什么？"

店员会说："它适用于出汗过多的体质！"

经过香烟柜台的40%的男人会停下来观看这个标牌！

有一天，我们把这个标牌改成了"运动男士专区"！然后，它让60%的男人驻足观看——无论是胖人还是瘦人，穷人还是富人——都认为自己是运动型男人，他们会径直走到柜台前，拿起瓶子，问："这是什么？"

这就是"销售台词"伟大力量的有力证明——即便是柜台前的标牌也是如此！

寻找你的产品中的"卖点"；无论你销售什么，请寻找产品的独特功能（如"方形衣夹"）、客户的自保本能（如"狗皮膏药")和客户的恐惧心理(如"地狱");然后使用第五大销售要诀,"让你的声音更加悦耳动听"!

这是一个简单的销售要诀,却足以让客户心甘情愿掏腰包!

下篇　惠勒销售要诀案例解析

第十六章

葡萄酒的卖点是杯中曼妙的气泡

斯塔特勒酒店首先集中研究了酒店历史上对客户有效的推销台词:无论是向客户推销上等的贵宾房,还是昂贵的酒水和食品,都不要在数量上下功夫,而是要强调"客户为本"的重要性——要能叫出客户的名字。

那是在 20 世纪 90 年代,一群男人闲逛到一家酒吧。大胡子酒保乔先生冲着他们笑了笑,然后开启了自己熟悉的谈话模式:"绅士们,想喝点什么?"

他们要了几瓶酒,乔先生拿出店里最好的几个牌子的威士忌,放在他们的面前。

现在,酒吧服务人员的推销技巧可分为两类:一种是酒保让客人们自斟自酌,另一种是酒保亲自给客人斟酒。哪种方式更好呢?哪个更能为酒吧赚钱呢?

斯塔特勒酒店的总裁弗兰克·布朗恩先生也参与了这样的课题研究——如何让其他酒店的员工也使用这种令人心动的销售台词,他就人类行为的话题提出了一些有趣的看法。

让客户自行斟酒

酒保斟酒的时候，每瓶酒大约可以倒出 22 杯，他还要在玻璃杯口粘雪花边。然而，大多数客户都喜欢自行斟酒，却没法像酒保那样在杯口粘雪花边。事实上，这样做很不礼貌，在朋友面前显得比较"小气"。因此，你可以把酒倒至距离酒杯顶部还有 1/4 英寸处，这是酒杯最宽的地方。这样，每杯酒 40 美分，每瓶酒就会多花 75 美分至 1.25 美元！这意味着，如果大方地让客人自行斟酒的话，酒店可以每瓶酒多赚取 1 美元左右。你可以在自己家里练习这种斟酒技巧，或者在酒吧里观看酒保的斟酒技术。

当然，有些地方的客人会用三根手指直接环绕杯口，以此来确定每杯酒倒多少，这让人在心理上难以接受！

在酒店中遵守"顾客为本"的要诀

你的名字是你最喜欢听到的词语，也是推销员向你推销产品的卖点。

我们已经设计了许多巧妙的方法，来帮助斯塔特勒酒店的员工迅速得知顾客名字，并明确转达给下一个员工。例如，前台职员在登记册上签名登记时，会大声读出顾客的名字。

他说:"我们有一间舒适的房间,可以俯瞰哈得孙河的风景,史密斯先生,你可以欣赏这里的美景!"

站在一旁的行李员可以听到你的名字。他拿起你的行李包,对你说:"这边走,史密斯先生。"他进入电梯,当着电梯操作员的面对你这样说话:"今天天气不错,不是吗,史密斯先生?"

电梯操作员由此也听到你的名字。如果遇到楼层服务员,行李员会走上去向她要你的房间钥匙,对她说:"请给我808房间的钥匙,那是史密斯先生的房间。"

楼层服务员也可以听到你的名字。因此,从你进入酒店直到离开,"顾客为本"的要诀都在付诸实践,因为没有什么比听到自己的名字更会让你觉得受到了重视。

如何向顾客推销酒水

斯塔特勒酒店连锁店的副总裁轩尼诗给我们安排了一项任务:研究人们在餐馆吃饭的习惯,然后确定如何更好地向顾客推销酒水。

我们发现没人买酒的原因很多。服务员让客人坐下后,机械地将酒单交给客人。客人穿过忙乱的旅馆房间,来到这里,已经是心烦意乱了。坐下来后,他适应着周围的环境,没心思看酒单上的内容。如果他能集中精力在酒单上,恐怕会发现一些难念的酒名。比如，有一个酒名，他不知道该读成"伊康姆"还是"艺甘姆"。他不想让服务员因为他发音错误而嘲笑他。如果困惑的客人读出这个酒名，他会担心自己念错了，于是，他在点酒的时候犹豫起来。最后，他只好说："给我一杯啤酒。"

我们要求服务员不要拿酒单给客人，只是对他们说："先生，您愿意喝一点伊康姆吗？"那人听到了正确的发音，他知道服务员无疑为自己点的菜挑了合适的酒。于是他会点这种酒。这个主意很奏效——除非男人误认为伊康姆是卤肉汁，女人误以为伊康姆是一款新型沙拉酱！

我们一直在试验，结果终于发现了一个有趣的现象：美国人最经常用红色和白色来识别葡萄酒。他们喜欢说"意大利肉酱面馆的红葡萄酒"或"圣诞节那天艾玛姑姑家的白葡萄酒"。

"先生，您要红葡萄酒还是要白葡萄酒？"

所以，酒店会培训服务员走近客人，对他说："先生，您要一边吃烤肉一边喝红葡萄酒吗？"如果这道菜需要配一点白葡萄酒，他们会说："先生，您要一边吃鱼一边喝白葡萄酒吗？"

后来，有人发现，如果一个美国人喜欢红葡萄酒，他不管吃什么食物都会喝红葡萄酒。如果服务员建议他喝白葡萄酒会更好，他可能疑惑地问，是不是酒店"没有红葡萄酒"了。

如何才能知道这个客人喝红葡萄酒还是喝白葡萄酒呢？让我们回到"惠勒销售要诀之四"——不要问买不买，而要问买哪个。服务员会说："先生，您进餐时是喝白葡萄酒还是红葡萄酒呢？"

客人可以做出选择。根据斯塔特勒酒店的合伙人梅塞尔、桑杜罗、库欣所说，这种方法很奏效。可最近出现了例外：有一位客人入住波士顿市斯塔特勒酒店之后问道："这些酒是免费的吗？"

于是，我们立即把"买"字加入到销售台词当中，如此一来，酒的销量从平均每人2美分上升到了4美分。现在的"销售台词"如下：

"先生，您要为晚餐买点什么酒呢？"这就是一个字的力量——让客户明白这不是免费酒水。

寻找"首次光临本店的客人"

酒店要弄明白你是不是"首次光临本店的客人"，这很重要。如果你是第一次来酒店，该酒店就要让你了解这里的许多服务项目。

如何试探某个客人是不是第一次光临斯塔特勒酒店——这也是该酒店人事主管约翰·伯格交给我们的一个任务。在伯格先生和纽约市宾夕法尼亚酒店工作人员的帮助下，我们开始做

这项研究。我们吩咐行李员在带领客人进入房间时说:"这是您第一次入住我们酒店吗,布朗先生?"

如果是的话,行李员会告诉客人如何在房间里听音乐、如何得到冰水,以及如何使用服务召唤器等酒店设施。如果客人告诉行李员,他不是第一次来这里,行李员就不要跟他讲这些常客们都熟知的内容来烦他了。

这是个看起来不错的点子,但它并未奏效!

第一天,我们发现有10位客人投诉:"你们的很多员工已经认识我了,我来这家酒店已经有很多年了。如果你们每次都问我是不是第一次来的话,我下次就不住你们酒店了。"

因此,我们改变了询问方式:"您最近来过我们酒店吗,先生?"

修改后的"销售台词"非常奏效,因为你用了正确的销售台词,所以客户会给你友好的回应。一切都归因于你的说话方式。

门卫也要学点推销学

任何酒店的门卫都是这家酒店的"王者"。这个人往往很神气,打扮得像个墨西哥将军。他打造了酒店的第一印象,因为他是你下榻一家酒店时看到的第一个人。如果这个"你在前10秒就见到的人"给你留下了很差的印象,那你对整个酒店的印象就会变差。

我们对斯塔特勒酒店门卫进行了观察和研究，从而得出了一些重要的结论。如果门卫伸出手，掌心朝上帮助一位女客户下车，她可能会意外绊倒；如果门卫再大意一点，甚至会无意中紧紧压住她的手，让她产生怨恨情绪。因此，警觉的门卫总是把手放在车上，掌心向下，握紧拳头，让这位女士从容地站起身来，而不会去挤压她的手。然后，门卫清点行李，对女客户说："是三个包吗，夫人？"

她点头说"是"，或者告诉他，还有一个黑包落在了车内的角落里。许多客人会把行李落在出租车上，斯塔特勒酒店的实践证明，门卫的这句简单问话可以提醒客户避免丢失行李。

对方是哪类客户？

我们在前面的章节中已经介绍过，如果你用了正确的销售台词，客户就会给你友好的回应。这里有一个秘诀，那就是要先了解客户的基本购买欲望（X，Y，Z），然后再设计出正确的销售台词。

有关人类本性的研究表明，我们可以把进入斯塔特勒酒店吃早餐的美国食客分为两类，服务生必须根据不同的客户说出不同的销售台词。

第一类客人是没有胃口的人。他需要一个健谈的服务生用

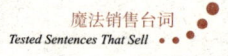

巧妙的语言来吊起他的胃口。服务生可以这么说："先生，来一杯冰镇番茄汁，加一点柠檬和伍斯特沙司如何？"

第二类客人是"有起床气的人"。他风风火火地来到这里，或者他昨晚整夜没睡，或者他消化不良，或者他在刮胡子的时候割伤了自己。服务生要机灵一点，不要找他说话，连"早上好"也不要说，想说的话，那就对他耳语吧。最要紧的就是赶紧拿着面包和黄油站到他面前，那家伙嘴里嚼着面包，"就没有嘴巴抱怨了"。

第三类客人，我们大家都很熟悉。他飞也似的跑进了餐厅。他的领带歪歪扭扭。他把帽子抛给服务生。他总是约会迟到，总是匆匆忙忙。他要服务生在2分钟之内给他端上来需要3分钟才能煮好的蛋！服务生们都知道，这是无法完成的事情，却不敢告诉他，只是互相奔走相告，把动静弄得很大。这个服务技巧满足了客人要求快速服务的心理诉求。

我们再来研究一下这三种基本情绪——X，Y，Z，然后指导自己的语言来达到这个目标，特别是如果你就职于一家需要低调而高效地服务于大众的企业。

爱达荷烤土豆蘸甜味黄油

牛排的卖点是它的嗞嗞声。让客人垂涎欲滴的是煎牛排的嗞嗞声！

同样，爱达荷烤土豆的卖点不是土豆本身，而是入口即化的甜味黄油。

酒的卖点是杯中泛起的气泡，那是让你眼前一亮的美妙景象。

我们通过使用描述性词语，在纽约市宾夕法尼亚酒店的"咖啡馆情缘雅间"，两个小时之内卖光了主厨特餐。例如，对于轩尼诗先生来说，鱼不只是普通的烤鱼，而是"具有波士顿上层社会住宅区风味"的烤鱼，炖肉不是普通的炖肉，而是"炖成浓汁的牛肉"。

"您要来点马蒂尼酒还是曼哈顿鸡尾酒呢，先生？"这样的问话让斯塔特勒酒店的这两种酒销量大增。

较之昔日酒保乔先生的口头禅"绅士们，想喝点什么"，这些销售台词显得时尚又高效。

靠近一点去倾听

我总是想知道自己为什么这么喜欢施特罗贝尔老爹。他会坐几个小时听我说我正在做的事情，从来没有感到过无聊。

很多人，特别是公司中喜欢抱怨的管理者们都会让你一个人夸夸其谈。每当我们感到自己被"哄骗"的时候，请记住"换位思考"要诀，让他人尽情地说话。

当然，也有一些人在听我们说话，可是，当我们直视他们

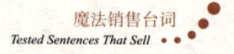

的眼睛时，就会立刻看到他们所谓的兴趣对于我们来说只是一个习惯动作而已，实际上他们的思绪已经转移了。

这些人就是所谓的"老好人"，他们不停地点头说"是的""多么有趣""真让人兴奋""这是真的吗？""嗯，你怎么看？"，但谁也不买你的产品。他们懂得让他人滔滔不绝的艺术，但不知何故，我们很快就会"突然理解"这些专业人士，并下定决心不要再陷入他们的圈套。

施特罗贝尔老爹有个习惯

然而，施特罗贝尔老爹不是这样的。他真的在倾听——特别是当施特罗贝尔老婆婆说话的时候。我一直不知道施特罗贝尔老爹的魅力所在，只知道他总是让别人说话，自己则静静地坐在那里抽烟斗，这样可以让自己的声带休息，还能赢得新朋友。

有一天，我找到了答案，那天在街上无意中听到有个路人说："他有一个习惯，'靠近一点去倾听'，你明白我的意思吧？"

我明白他的意思。爷爷喜欢"靠近一点去倾听"。

你们已经见过这种推销员：他的身体靠向你，他的精神也在靠近你，你说的每一句话他都在倾听。他每时每刻都"与你同在"，还会在适当的时候对你点头微笑。施特罗贝尔老爹"靠近一点去倾听"的习惯让大家都喜欢把自己的故事和烦恼告诉他，这一点我懂。

"靠近一点去倾听"——对一个推销员来说，这是一门很好的艺术。我喜欢可以耐心地听我讲话的推销员。

因此，这里有个提高平均销售水平的方法——"靠近一点去倾听"。你明白我的意思吧？你明白我在施特罗贝尔老爹身上学到的艺术吧？对于社会和企业来说，这是一个完美的要诀——尤其对于酒店或餐厅老板或者处理投诉的工作人员来说，更是如此。

"靠近一点去倾听！"

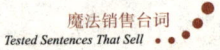

魔法销售台词
Tested Sentences That Sell

第十七章

沙丁鱼罐头的卖点是罐头
每月翻转一次

一家连锁便利店卖沙丁鱼罐头,同时带动了土豆的销量。这家店明白前10秒钟的开场白很重要,这个开场白需要告诉消费者他们能获得什么好处,并加以证实。就像牛排的卖点是它的嗞嗞声。

几年前,我在克利夫兰扶轮社发表了主题为"口才魔法"的演说。这就是我的习惯——用10秒钟的开场白吸引观众的兴趣,让他们暂时忘记自己正在吃的甜点,并停止摆弄手中的刀叉。我常常这样说:

"什么可以勾起客户的购买欲?"

"你曾经买了一条这样的领带——上面绣着很多张牙舞爪的龙,然后自言自语:'推销员到底说什么了,让我鬼使神差地购买这样的东西呢?'"

不巧的是,克利夫兰扶轮社的社长哈利·西姆斯先生那天戴的就是这样的领带。观众哄堂大笑,西姆斯先生却开始认真地思考起来。西姆斯先生还兼任鲁德商店——克利夫兰一家高档商品连锁店的总裁。演讲结束后，他邀请我去他的办公室，请我帮他解决几个问题，其中之一就是拟订计划帮他销售高价沙丁鱼。

把沙丁鱼罐头倒放起来

我分析了他的顾客群体，其实跟其他地方的顾客没什么两样。当顾客们看到鲁德商店的沙丁鱼罐头，看到每罐价格是 25 美分时，他们会说："这里 25 美分一罐的沙丁鱼和其他商店的 10 美分一罐的沙丁鱼之间有什么区别呢？"

鲁德商店的销售人员费尽心思解释，试图让顾客相信他们的沙丁鱼品质更好，但并不奏效。

我分析了这两种沙丁鱼罐头，测量了两种沙丁鱼的大小和数量。鲁德商店的沙丁鱼确实味道好一点，但很难将这种味道差异迅速传达给客户。

有一天，我注意到一个食杂店的店员把沙丁鱼罐头倒放在货架上。我问他为什么，他告诉我，他的目的就是让罐子底部的橄榄油渗透到沙丁鱼中，让罐头保持滋润。他说，罐子里的沙丁鱼浸在橄榄油中，色泽会更好看，味道会更好，吃的人会更享受。他的话很有说服力。

多么棒的销售理念啊！但是，在如此忙碌的商店里，如何才能在 10 秒钟之内讲完这个故事呢？

卖点是罐头倒放

最后，有一句话流行起来，那就是店员们的统一口号："鲁德商店的沙丁鱼罐头每个月翻转一次！"

这句简单的销售台词引起了顾客强烈的好奇心。他们会问为什么沙丁鱼罐头要翻转，然后店员会告诉他们下面这个有趣的故事。

这个故事会让顾客们垂涎欲滴，于是他们买下了沙丁鱼罐头。当丈夫习惯性地抱怨罐头如此高价的时候，妻子会告诉他，这些沙丁鱼罐头"每个月会翻转一次"的故事。

她告诉他，最神奇的不是沙丁鱼，而是罐头翻转！

他也说，这样的沙丁鱼罐头似乎味道更好，每罐值得多花 15 美分！

在鲁德商店的销售历史上，创下了这样的纪录——这些昂贵的沙丁鱼罐头在两周之内一售而空。

请寻找产品中的卖点，比如，罐头倒放！

如何销售人造香草

虽然人造香草比天然香草便宜 8 美分,但没有女人会给自己的丈夫用人造香草做蛋糕,因为那样可能会让对方不高兴。

俄亥俄州北部的克罗格连锁便利店购进了几千瓶某品牌的人造香草,尽管人造香草通常品质很好,但结果根本卖不出去。

《克利夫兰日报》副总裁查尔斯·麦卡希尔正在努力说服克罗格连锁便利店与他合作。他最后提出使用我们机构设计的"销售台词"来帮助克罗格连锁便利店出售人造香草和其他滞销货物。

我们对这种产品进行了长期的研究,并开发出很多销售台词,然后投入实践。经过几百次的淘汰之后,再次使用这个销售要诀,把产品送到顾客手中,销量比以前增长了 21 倍。

这家大型连锁便利店的推销员都接受了培训,在向女顾客做常规推销之后,揭开人造香草瓶的瓶塞,先闻一闻气味,然后把瓶口对着顾客,说:"您来闻闻,是不是很香?"

店员提示女顾客闻一闻人造香草的气味(有样学样的本能),真的有一种浓郁的香味,就像许多仿制品似乎感觉比真品更好。她们看到标签上写着"人造香草"的字样,同时也闻到一种美妙的香味。当她们看到人造香草比真香草便宜 8 美分的时候，简直不敢相信自己的眼睛，于是不由自主地掏腰包买下了。

推销员很巧妙地提供了消费者的利益（A），美妙的香草味就是最好的验证（B）。

我们的记录显示，克罗格连锁便利店的人造香草销量增加了10%，同样，《克利夫兰日报》也得到了克罗格商店这个客户！

"是不是有美妙的香草味呢？"短短一句话就可以实现如此理想的效果！

生长在寒冷地带的土豆

鲁德商店的土豆沙拉也因为一句简单的销售台词而销量大增，他们对"很介意价格差异"的客户说：

"这是用生长在寒冷地带的土豆做成的沙拉！"

鲁德商店的推销员向女客户这样解释：我们的土豆来自全美国最寒冷的缅因州，那里因为气温偏低而生长出坚实多肉的土豆。"

当桂格燕麦公司的店员使用这样的开场白时，销量增加了10%："琼斯太太，您最近用燕麦招待过客人吗？"

若想委婉地提醒客户购买桂格燕麦，只需要一句简单的话，就像大多数最有效的销售台词一样，句子越简单，效果就越好。

花哨词汇的魅力在于说话人的精彩或辞藻的华丽，却不能充分地展示产品。新造词汇可以逗乐，但很少会勾起客户的购买欲望。

大人物都很简单，好台词也很简单。那些口若悬河的推销员往往会把潜在客户吓跑。

句子越简单，效果就越好！请在你的销售包装中寻找卖点。

3个词可以拯救一个生命

当一个法师、一个牧师、一个医生和一百名消防员及警察都没有办法阻止一个男人自杀的时候，有3句话却挽回了他的生命——这可是头条新闻啊！

这是最近报纸上的头条：有一个制造商厌倦了生活，来到纽约酒店的屋顶，并准备从18层楼上跳下去，结束自己的生命。

有人看到他爬到墙上，爬上了一个9英寸高的窗台，他准备从那里跳向下面的街道。饭店的秘书尖叫起来，那人犹豫了一下。

酒店员工跑到了屋顶上。他们叫那人不要跳,但他不停地朝着窗台移动。他的心灵已经支离破碎了。

下面详细记录了很多人试图劝阻他放弃自杀念头的各种对话,也算是一场 80 分钟的屋顶戏剧吧。

虔诚的话语可以自保

法师:"你自杀,就等于背弃你自己的信仰!"
牧师:"不要做任何你会后悔的事,年轻人!"
医生:"如果你跳楼的话,就会受重伤!"
消防员:"不要跳——回来——否则你会跌倒!"
警察:"赶紧从窗台上下来——否则你会摔死!"

这些人跟他说自保意识根本不管用,跟他说信仰也是无稽之谈,他还是一步步走近窗台,准备从 18 楼上跳下去。有人把"销售台词研究学院"副院长戴安娜·格里高小姐叫到了现场,她这样对那个自杀的男人喊话:

个人舒适度可以打动客户

"我给你拿杯咖啡好吗?"

"你要不要喝一杯酒呢？"

但是，有关个人舒适度的话题也失败了，他还是准备跳楼自杀。这时，戴安娜·格里高小姐使出了撒手锏！

虚荣心在作怪

"你趴在窗台上看起来很愚蠢！"

"假如你老婆看到你在那可笑的地方，会怎样？"

"你最好马上下来，不要让你老婆看到你是一个彻头彻尾的大傻瓜！"

有趣的是，许多旁观者看到这个男人听到"愚蠢""可笑""傻瓜"等字眼时，开始掸去衣服上的灰尘，并重新戴正了帽子。显然，这个男人什么都不在乎，只是不能容忍自己看起来很"愚蠢"——特别是不想让自己的老婆看到这一切。于是，他平静地从窗台上下来，走向安全的地方。

第十八章

5个小词助你卖掉百万加仑汽油

销售台词比价格标签更管用,我们可以用语言来征服顾客。比如,加油站员工可以用几句销售台词每周搞定上百万顾客。

我父亲在纽约罗切斯特的高地公园附近拥有一家加油站。周六和周日,我会去帮他卖汽油。有一天,一个来自美孚石油公司的推销员走近我,问道:"你向司机推销汽油的时候说些什么?"

我告诉他:"有时候我问客户想要5加仑还是10加仑,有时我只是说,加多少油?"

推销员说:"下一个开车来加油的人,你可以对他这样说:'我帮你把油箱加满,好吗?'"

我对后面的汽车司机说了这句话,司机真的让我给他的油箱加满油。我卖出了15加仑,而不是平常的5加仑或10加仑。

"把油箱加满",多么有力的销售台词啊!已经20年了,这句话一直奏效。

得克萨斯汽油公司的真相

最近，我有幸做了一项调查，帮助俄亥俄州波卡洪塔斯油气公司和得克萨斯汽油公司找到最新颖最有力的销售台词与销售演示，以便促使汽车司机购买更多的汽油。

人们有一个坏习惯，就是做事情需要别人提醒。如果加油站的服务员没有热心地提醒司机去给汽车上润滑剂，那么他的汽车永远也得不到及时的保养。

我们对销售方面的研究得出许多有趣的结论。首先，我最喜欢的"我帮你把油箱加满，好吗？"不再奏效了。如今市场上有太多20加仑的油箱。几年前，富人有豪车，穷人有小车，如今，穷人也可以买一辆富人淘汰的二手车，同样可以享受开豪车的感觉。

因此，让我们想象一下，就会出现几百个这样的画面：托尼·帕斯夸莱用500美元买了一辆二手豪车，他只是想开着"豪车"在他喜欢的女孩家周围转来转去。他开车到一家加油站。他现在兜里只有2美元，不过他的车上坐着他最喜欢的女孩，车子的油箱容量是20加仑。这时，如果加油站服务员问："我帮你把油箱加满，好吗？"那么，托尼就会很尴尬。他让服务员走在前面，自己却偷偷地把三个手指放在车的侧面，表示他不再想加油了。

"我帮你把油箱加满,好吗?"这句话需要修改一下了。事实上,我们最近正在开发新的"销售台词",比以前那句售出 100 万加仑汽油的著名台词更有效。

卖汽油的学问

那些喜欢说"要不要汽油"的推销员只能卖出少量汽油。如果他说:"我可以帮你检查一下油箱吗?"——这么说会惹恼你。他是我们正在尝试转变的一种高压销售人员。

一天,得克萨斯汽油公司副总裁道奇打电话邀请我去他在克莱勒斯大厦里的办公室。他解释说,得克萨斯新型汽油将很快投放市场,他的 4.5 万经销商需要独特的销售台词去向司机们推销这种新汽油。道奇先生意识到,如果我们想不出有力的销售台词,这种汽油就无法高效地推广。于是,有人开始研究美国司机的习惯。

大多数美国汽车司机有一个共同的习惯——当他们郁闷时,会不假思索地说"不"。你问他们是否需要汽油,他们会说"不";你问他们是否要看看得克萨斯新型汽油,他们会说:"不——不感兴趣,我只要 5 加仑汽油。"

事实证明,在 100 种推销得克萨斯汽油的销售台词中,有一种最有力(你也许可以借鉴一下):

"你的汽油够用吗?"

在一周之内，4.5 万经销商对将近 48.5 万人说了这句话，结果他们打开了 25 万辆汽车的油箱盖。也就是说，这些经销商一周做成了 25 万笔汽油生意。

这是一句 10 秒钟之内就能引起关注的销售台词，成功率为 58%，因为它利用了"不"这个字。它让客户说出"不"字——在这种情况下，"不"就意味着"是"！这又是一个有针对性的营销策略。

"先生，请注意您的右前轮。"

这是一个已被证实的案例：如果你像大多数人一样，如果加油站服务员不提醒你面临的危险，你会一直开车，直到轮胎没气。

他会走向你的车，擦一擦挡风玻璃，一边擦一边聊起了有关天气或时下的热门话题。然后，他走到汽车的前面，检查水箱和轮胎。如果有一个轮胎磨损了，他会说：

"先生，您的右前轮已经磨坏了。请看看这个地方。"

他把你带出座位，让你"看看这个地方"，在那里他可以更好地和你交谈。生意来了。这就是他扩大业务的妙招：他一边观察你的轮胎，一边设计自己的措辞。

你的雨刷器已经老化了

挡风玻璃雨刷器就像鞋带一样，破了很久之后，人们才会换新的，也就是说，这时需要出现一个推销员来激发你的欲望。他的口袋里有一个挡风玻璃雨刷器。他意识到，如果他能把产品递到客户的手中，交易成功的速度就会提高 21 倍。

这个推销员不说这个雨刷器如何如何好，而是说：

"先生，来摸一下雨刷器的三层刷头。"

你这样做了，雨刷器在你的手上了。然后他告诉你，你买下这种三层刷头的雨刷器会有什么好处。这个简单的"销售台词"可以让 1/5 的司机购买雨刷器——下雨天会卖得更多！

一切都取决于你的说话方式。销售台词总是比价格标签更管用！

信函中的"销售台词"

直邮协会的秘书亨利·霍克告诉我,这也许是直邮信件中最具独创性的销售台词。这句话只有一行,虽然表面上看起来很滑稽,但很奏效:

这是琼斯保险公司写给纽约法拉盛的汤姆·史密斯先生的一封信。

亲爱的史密斯先生:
  如果每周省下2.5美元,你就可以用来投一份终身保险——如果你做不到,你可真没用!
    你真诚的朋友琼斯·乔纳森

所有的事件都集中证明了一件事:即便是在邮件中,也要突出产品的"卖点",并确保这些卖点可以突出产品的作用或功能,这是很重要的事情。

沙丁鱼只是沙丁鱼而已,但是,"一个月翻转一次"的沙丁鱼罐头就拥有吸引女性客户的"卖点"了。

戈登·塞尔弗里奇如是说

根伯蒂·查尔斯·福布斯说，戈登·塞尔弗里奇曾经写下这样的格言，他非常喜欢这些句子。它们再次显示了你在与他人交往中选对措辞的重要性，无论你的交际对象是你的雇主、雇员，还是你的家人或潜在客户。下面节选了几句有趣的格言：

"老板驾驭员工；领导引导下属。"

"老板凭借权威；领导出于善意。"

"老板利用了恐惧；领导激发了热情。"

"老板说'我'；领导说'我们'。"

"老板说'准时到这儿来'，领导说'提前到那儿去'。"

"老板遇到故障就斥责；领导遇到故障就修复。"

"老板喜欢看着员工做；领导喜欢做给下属看。"

"老板把工作当劳役；领导把工作当游戏。"

"老板说'你们走吧'；领导说'我们走吧'。"

有一年春天，纽约市的布卢明代尔百货商店家具抛光剂的销量翻了一番，因为职员一边拿着一瓶自己最喜欢的家具抛光剂给客户看，一边使用这样的开场白：

"无论是清洁还是抛光，都非常好用。"

这种家具抛光剂的卖点是"非常好用"，而非抛光。

下面是两句升级版"销售台词":
"在春天,使用它将大大缓解你的背痛。"
"在春天,它将使你在打扫房间上所花的时间减少一半!"
柜台上立着一个标语牌,上面写着:
现在正是春季扫除的好时间,
今天就买一瓶抛光剂吧!

销售口才是一门艺术——只要你稍稍研究这句话的含义——牛排的卖点是它的嗞嗞声——就可以轻而易举地掌握这门艺术!

第十九章

避免使用不得体的字眼

当你向客户推销产品的时候,得到的回答通常是"不"。你应该尽量不给他拒绝你的机会。记得不要说毫无意义的陈词滥调,那些不严谨的措辞会让你失去生意。要在语言上下功夫,让你的话语光芒四射。

我常常去饮品店喝麦乳。如果店员卖给我的麦乳中多加一个鸡蛋,商店就可以多收我 5 美分,同时,我也得到一瓶更美味更营养的饮料,我很喜欢。如果店员的措辞不严谨,不会运用诱导式提问,他也许会(通常会)温和地问我:"您要加一个鸡蛋吗?"

我会习惯性地说"不"。可是,有一天,我在另一家店里买麦乳,店员一只手拿一只鸡蛋,对我说:

"先生,今天加一个鸡蛋还是两个鸡蛋?"(请参考"惠勒销售要诀之四"内容)

我看着这两只鸡蛋,觉得很难对这个问题说"不",因为"不"这个字没有任何意义。他想知道我是想要一个鸡蛋还是两个鸡蛋,而不是我想不想要鸡蛋。

过了一会儿,我说:"哦,一个鸡蛋就够了!"我得到了一只鸡蛋,商店多收了 5 美分,双方都得到了好处!

如何骗小狗跟你走

吸尘器推销员知道,如果一个衣着马虎、打扮随便的人想骗走一条小狗,小狗会逃跑得更快。他也知道,对着小狗说一些不得体或不严谨的话,同样不能帮他抓住小狗。因此,他会问一个邻居的小孩,这条狗叫什么名字。知道小狗的名字之后,他会小心翼翼地打开门,叫着狗的名字:"你好,布奇,你今天怎么样,布奇?今天天气特别好,不是吗,布奇?你家的女主人在家吗,布奇?"

布奇,狗听到有人叫它的名字,对它来说,这是一个熟悉的声音,也许它会自言自语:"可能这家伙以前曾经来过这里,他似乎知道我的名字。那我就碰碰运气,让他进门吧。"

这就是骗小狗跟你走的一个好方法,如果你想验证这个方法的效果,可以走进一个有狗的院子,然后叫出小狗的名字,小狗就会放松下来,叫声也会慢慢缓和下来!

前 10 秒钟的表现最关键

你会很快发现,如果你修饰一下自己的语言以及外表,客户会更加乐意跟你交谈,就像他们喜欢跟西装革履的人说话,而不想搭理衣衫褴褛的人一样。

吸尘器推销员知道,如果他匆匆来到前门,女主人看到他的时候也许会自言自语:"又一个疲惫的推销员在我家前门口休息,我得快点把他轰走!"

这个推销员还知道,按门铃也有学问。如果他狠狠地按下门铃,那他的动作就会比女主人更快;如果他像胆怯的小乞丐一样轻轻地按下门铃,那他的动作就会比女主人更慢。女主人可以根据门铃声的强弱,来判断门口到底站着什么样的人,就好比你在周日驾车出游时,可以从汽车的喇叭声中听出车内坐着的那个人的喜怒哀乐!

老练的推销员知道下一步的销售诀窍,那就是——站到门的一边。本来女主人想把门打开一条缝,然后说一句"不感兴趣",便砰的一声摔上门。可是现在,他站在门的一边,女主人只好敞开大门,看看谁在她家门口。这时候,推销员必须准备好他最美好的微笑和最强大的"销售台词"。胡佛吸尘器公司的推销员使用这样一句销售台词:

"我来给您展示一下如何缩短清洁时间!"

亚瑟·胡德训练佳斯迈威公司住房协会的推销员，让他们递给站在门口的女主人一本协会手册，并对她说出这样的开场白：

"这是《改善室内环境的101种方法》的免费赠书！"

这句话没有什么不得体或不严谨之处，而且久经考验——当潜在客户突然出现在门口的时候，这句话成功地避免了推销员结结巴巴的尴尬局面。

给你的销售台词加点料

比如，胡佛吸尘器公司的推销员指着新型吸尘器上面的灯，从来不说："那灯漂亮吗，夫人？"这样说一点也不出彩，所以他说："这是灰尘探照仪，它可以看清需要清洁的地方，它走到哪里，哪里就会一尘不染。"

他也不会指着灰色的新型吸尘器说："这个颜色好看吧——谷仓一样的灰色。"相反，他会这样表达："这是平流层一样的灰色。"因为"平流层"代表速度和亮度。

每一个优秀的推销员，不管他是站在柜台后面、客户家门口、展示大厅里，还是在打电话，他都会拥有很多个3分钟的销售演示机会，亮出那个带来希望的"铜环"，防止潜在客户的思想进入饱和状态。

当这个经验丰富的推销员描述销售包装上的信息时，总会使用聪明、有趣、愉快、出彩的销售台词。然后，当成交希望出现时，他就会用最简洁的收场白去搞定。

琢磨好你的收场白

胡佛吸尘器公司的推销员会有这样的收场白："如果不选择胡佛，污垢就会留下；如果留下胡佛，灰尘就会远去——您想让哪个留下？"这是"不要问买不买，而要问买哪个"的典型例子。当然，这是众多的"胡佛式收场白"之一，可以让潜在客户不得不说"我想要胡佛吸尘器留下"。

此外，如果潜在客户总是提出一些反对意见，胡佛吸尘器公司的推销员就会使用"为什么"句式，用一连串彬彬有礼的"为什么"去反问她，让她不知所措。

例如，推销员会说："您为什么要等到春天呢？""您为什么觉得自己负担不起呢？""您为什么要犹豫不决呢？""您为什么觉得需要您丈夫点头才行呢？"

胡佛吸尘器公司的推销员知道，"为什么"这三个字是最难回答的问题——需要你思来想去（往往想不出答案），清楚地表达自己的想法。

请对着客户多问几个"为什么"，并记下有趣的答案。请记住这个秘诀：如果有人用"为什么"提问你，你就可以这样回敬他："您为什么会问我为什么呢？"

卖保险要懂得量体裁衣

销售台词可以消除客户的猜疑和多虑，从而达到说服客户购买产品的目的。可是，有些推销员很容易给客户一种强势的感觉。

当然，你可以"当场"用语言搞定潜在客户。你可以用托词擅自闯入前门——你可以告诉女主人，你是个煤气工人或者"吸尘器公司的维修员或检查员"。可是，一旦女主人发现了你的真实目的，她会用擀面杖把你打跑的！

有一个人寿险推销员听到潜在客户不断地说"朋友，你这是白费工夫"。这个推销员没有得到如意的答案，心里凉了半截。他的销售谈话是刚刚精心设计好的，已经在一些裁缝们身上用过，并没有失败。这不是天南海北的胡诌，而是朴素踏实的老式销售。对于那些说"你这是白费工夫"的潜在客户，他可以量体裁衣，做出这样的回答：

"琼斯先生，这不是'白费工夫'的问题，而是在'您百年之后'，您的妻子面对肉商、面包商、杂货店店主是否会'白费工夫'的问题——这真的很重要，不是吗？"

这是一个诱导式提问，即便是律师也不会随便拒绝你。精明的推销员通常会缓和潜在客户"抵制老式销售的情绪"，并走上销售成功的道路，因为他懂得量体裁衣，说出适合潜在客户的销售台词!

请记住这条要诀:

不要用不得体或不严谨的字眼。要精心设计你的销售台词。

不要说拖泥带水的话

有一个怪老头生活在我家附近的街上,他每次在角落里看到我,我都会站在那里 15 分钟听他说些陈词滥调。

这个怪老头会告诉我一些关于钓鱼的故事,他说:"换句话说……"接着,他就"换句话"讲述他的故事了。

为什么人们喜欢说:"换句话说……"

我们研究室进行了分析,然后投入实践,与客户面对面交流,我们得出的结论是,有三种类型的人使用这句话:

1. 第一种人,害怕没有正确地表达自己的意思,他一遍又一遍地对你讲同一个故事,只是想换句话把他想告诉你的事情说清楚而已。

2. 第二种人,优越感很强,他一遍又一遍地对你讲同一个故事,就是想说得更加"浅显易懂",让你听懂他的话。他感觉自己必须用"以高人一等的口吻"对你说话。

3. 第三种人,只是喜欢听自己说话,所以找借口一遍一遍地对你表达他自己的想法或故事。他用"换句话说……"来阻止你插话,他总是喜欢自顾自地说下去。

如果你想成为一个有趣的谈话者,不要说:"换句话说……"请用理查德·波登的著名的销售句型:"比如说……"使用举例子、打比方的方式,说出你的故事、你的兴趣、你的证据以及你的方法。

"我要说得更清楚一些"

还有一种拖泥带水的陈词滥调,你也应该将其从自己的现代化精简词汇库中划去:"我要说得更清楚一些……"如果你第一次讲述一件事就很恰当,那就没必要再说一次了。说事只能说一次,这样才能珍惜别人的时间,请你一次说清楚,不要再重复了。

举例说明固然无可厚非,但是,"你要说得更清楚"或者"让他听得更明白",这不仅仅是侮辱别人的智商,也会使你变得令人厌烦。

请不要说拖泥带水的话!请去掉那些累赘的内容!

每当一位公众演讲者说出这样的开场白:"现在,女士们、先生们,我今晚的主题将是……"他就是在说拖泥带水的话。请直入主题,不要总是吊听众胃口,那是在浪费别人的时间。

请不要说:"现在,在接下来的几分钟里,我将讨论……"这会使听众失去兴趣和耐心,在会议室的椅子上坐立不安。请不要自我介绍,而应直接切入主题。不要总是说:"现在我将……"

下面还有一些推销员必须避免的拖泥带水的话：

"我要告诉你……"

"当我说……"

"相信我，我对他说了一两件事……"

"你能保守这个秘密吗？"

"如果我告诉你，你会保守这个机密吗……"

"嗯，就像这样——我对他说……"

"我希望自己像你一样聪明……"

"你有没有时间做一次演示呢？"

"天哪——你是一个聪明人……"

"我不知道，你懂的，不然我早就走了，你懂的……"

"房子在那儿，你懂的，这里是入口，你懂的。"

威尔弗雷德·芬克先生已经在《读者文摘》中列举了他认为最恼人的10个词：好的、糟糕、可怕、联系、明确、小妞、吵闹、膨胀、碰撞和甜心。他说，他对这些词很反感，原因是用得太频繁。

有些话会毁了你的生意

有一次,10名采购员告诉曼德斯·布里兹顿,推销员说的某些话可能会毁了生意。布里兹顿先生列举了如下几个句子:
"您完全错了!"
"当然,如果您想要便宜一点的话,我可以给您。"
"我只是碰巧走这条路,顺便拜访您一下!"
"您听懂我的话了吗?"
"您明白吗?"
"老实说,我想……"
"坦白说……"

其中一名采购员声称,俚语大有帮助,他无法对付一个用俚语代替正式语言的人。似乎这个买家整天都在听俚语,有一个推销员居然叫他"我的弗兰"。

另一个买家谴责推销员"只会说恭维话,不会介绍商品",并警惕那些一直这样说话的推销员:"您的快乐就是我们的快乐。""我们会把您的利益牢记在心。""像您这样漂亮热心的人一定会喜欢这件产品。"

布里兹顿先生的采购员们总结出三种"最让人受不了"的推销员。第一种推销员喜欢说"这是您和我之间的事",第二种和第三种推销员都很坏,喜欢说"我不希望您说出去"或者"不要把我的话告诉任何人"。

恭维奉承不要太明显

不要说虚假的奉承话。如今的客户已经会分辨真假了。不要背后说人闲话,如果你在这个客户跟前说那个客户的坏话,这个客户会猜想你也在别人跟前说他的坏话。

不要用一连串这样的话来烦人:"我对他说……""他对我说——"和"明白了吗?"

不要像那个怪老头一样说这样的话来烦人:"嗯,就像这样……"请给对方一个说话的机会。就像波登教授建议的那样,首先做一个善于倾听的人,然后再做一个侃侃而谈的人。

人们日常对话中的陈词滥调不计其数,我们不可能一一列举出来,你们必须清理自己的词汇库。

看见恶心的灰胡须了吗?请把灰胡须一样的废话清理掉。

请记住一条让他人喜欢你和让你脱离困境的要诀:

不要讲那些拖泥带水的陈词滥调!

第二十章

不要说让人费解的话

我们从兰登和罗斯福的竞选中得到一个重要的启示:《宝林历险记》风靡的日子已经过去了,不要让笨手笨脚的人搞砸你的生意。

电影工作者正在研究普通观众的心态,并试图通过改变电影创意来适应他们的欣赏口味。过去大约需要12年,现在需要的时间会更多。这意味着以前惯用的套路不再管用,《宝林历险记》风靡的日子已经过去了,"英雄在悬崖边对战印第安人"的桥段只能引人发笑。

事实上,所有的撰稿人、广告人、媒体人和那些试图以自己的思维方式赢得公众关注的人都没有意识到美国人的品位在上升。

老派守旧的牧师可以用"地狱之火"来吓唬人,让他们星期天去教堂做礼拜。他的这种伎俩放在今天就不行了,因为所有的牧师都这么说。

人们都喜欢看好戏。他们喜欢听艾尔·史密斯的广播演说,但是，当一位政治家谈论国家"要完蛋了"的时候，他们只是笑笑。

许多小孩子告诉自己的妈妈："你吓不倒我——世界上根本就没有什么妖魔鬼怪。"人们不再相信有圣诞老人了。

精明的制造商通常兼设了广告部门，在吸引客户方面做得很微妙，把江湖郎中的伎俩隐藏在合理的逻辑背后。

不要误会我的意思。今天的人们仍然会有购物冲动，只是将本能变成情感动力，那就是简洁的"字字珠玑"式的销售台词——沉默寡言绝对不行。

我们刚好生在了电子时代，眼花缭乱的电子产品充斥着我们的生活。所以，我们必须将销售台词提炼到登峰造极的境界！

潜在的逻辑

如果客户意识到你骗了他，他就会无休无止地跟你争论，这会让你很被动。

如果你自吹自擂、胡说八道、夸夸其谈，客户会感觉你很浮夸。这样说话，引起围观的不是你的销售台词，而是你这个人。如果你想以自己的思维方式来赢得客户的认可，请记住这条要诀：使用潜在的逻辑可以包装出最有力的销售台词！

低调的语言就是普通老百姓的日常语言。

如果我们能够快速理解他人说的话，还不必皱着眉头冥思苦想，那我们就会全神贯注地听他讲故事。

有个女顾客刚刚在克利夫兰市威廉泰勒百货商店购买了1美元一双的丝袜，女推销员对这个女顾客说：

"您的袜子是不是一只比另一只磨损得快呢？"

女顾客坦诚地说：其中一只丝袜总是比另一只丝袜先破，两只丝袜很少会出现同时破损的情况。于是，聪明的女推销员说：

"那么，明智的做法就是买两双颜色一样的丝袜，这样，在一只丝袜穿坏了或不小心撕破了的时候，您就可以用另一只来换了。"

简单的语言，没有创造新词。但我知道，这家商店曾经卖出整盒整盒的丝袜，都是里面装了三双丝袜的礼品盒。

如果女推销员说："您花 2.85 美元可以买到三双丝袜。"那么，女顾客会说：一双就足够了。但是，聪明的女推销员使用了潜在的逻辑，巧妙地诱使女顾客买了两双丝袜，然后她继续推销第三双：

"如果您买第三双，只要 85 美分。您看第三双多便宜。"

罗斯福总统也曾使用销售台词

在 1936 年的大选中,罗斯福总统使用的自我推销术已经成为经典案例。

兰登和罗斯福就是两个推销员,他们的潜在客户就是参与投票的大众。他俩要推销的"产品"一样。但是,兰登比罗斯福略胜一筹,因为 85% 的报纸和几乎所有的大商人都在支持兰登。然而,兰登违反了很多上门推销员必须遵循的基本销售要领。

第一,推销员兰登谈竞争对手的产品多于谈自己的产品。他告诉客户他的对手的产品失败在哪里,而不是担保自己产品的好处和优势。

第二,推销员兰登直呼竞争对手的名字。他指名道姓地指着竞争对手,而他的对手罗斯福通常会客观地称"他们"。优秀的推销员很少直呼竞争对手的名字。胡佛吸尘器公司的推销员把所有的竞争对手都看成他的天敌"波杰克吸尘器"。

第三,推销员兰登"用力过猛了"。他似乎没有意识到何时该停止谈论自己和反对他的竞争对手。他很快因为"用力过猛"而被淘汰出局。

第四,推销员兰登使用了让人费解的语言。大家都认为他在政治游戏中摆弄着荒唐、夸张、腐败的陈词滥调。比如,他说"每口锅里煮两只鸡"和"每个车库有两辆车"。他还故作耸人听闻之语,比如"国家到了存亡的危急关头""罗斯福注定要失败"和"街道成了杂草丛生的蛮荒之地"。

罗斯福总统懂得借助于"口才魔法"

推销员罗斯福这边则是另一番景象,他成功赢得了人民大众的信任。他使用了让人容易理解的语言。他会讲述一些有趣的、乐观的、充满希望的、符合逻辑的故事,比如:

"四年前,白宫就像是一个急诊室,商人来到我这里治疗头痛和背痛。除了老医生罗斯福,没有人知道他们患了什么病。

"他们希望我进行两种治疗,一是快速缓解眼前的痛苦,二是快速根治他们的疾病。结果,我做到了,他们开始相信我了。事实上,在华盛顿的时候,我迅速而有效地治愈了他们,现在这些人又回来了,把他们的拐杖甩到医生的脸上。"

罗斯福总统懂得选择恰当的台词。他知道有些词汇可以勾起客户的购买欲望,有些词汇则不能。他总是即兴发挥,使用那些可以在客户心坎打上烙印的销售台词。

这就是美国民众投票给他的原因。

一个简单的销售要领:

说让人容易理解的话语,不要让对方皱着眉头冥思苦想。

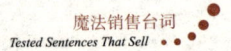

现成的套路

佳斯迈威公司的推销员又来到你邻居家了。他仍然在兴致勃勃地解释亚瑟·胡德先生倡导的室内装修分期付款计划，就像添置冰箱或其他电器一样，可以分期付款。这位推销员已经准备好了必要的商品信息，这一点在前面的章节中有所提及。他走到史密斯太太的前门，按下门铃。当史密斯太太来到门口的时候，他报上了自己的名字，提到了佳斯迈威公司，然后说：

"这是《改善室内环境的101种方法》的免费赠书。"

史密斯太太想接过小册子，他又翻到第16页，对她说：

"这是我们刚为您的邻居装修完的厨房照片，您觉得如何？"

他向她展示了另外几张图片，然后说："请原谅我，我让您家里进冷风了。我进屋里说吧。"

如果是夏天，他会说：

"我好像让您家进苍蝇了。我进屋里说吧。"

他让她不再紧张

他一进屋就说了一句让女主人放松的话：

"史密斯太太，请您坐下来，不要紧张，我们要谈一笔大生意了。"

她坐了下来，还想看到更多有趣的图片。他想让她立即喜欢上他，于是说：

"您家的窗帘真漂亮。您的室内设计非常有品位。是您自己挑的窗帘吗？"

她感觉飘飘然，很自豪地解释说，她挑了窗帘，事实上，她也挑了家具。

如果你想让潜在客户喜欢你的话，那就针对她的家装说点什么吧。这是上门推销员务必记住的良好要诀。

让客户放松的 5 个有效方法

佳斯迈威公司的推销员与潜在客户交流的最初几分钟里，会随口说出 5 句话让对方放松下来，"打破尴尬局面"，让客户对他的产品感兴趣。他可以使用下面的问句：

1. "您在厨房里容易疲惫吗？"
2. "您家的照明费和暖气费很高吗？"

3. "您家的客厅是不是太黑了？"
4. "您喜欢打乒乓球吗？"
5. "让您家暖和起来很难吗？"

有关实验证明，上面的每一句话都可以帮助推销员获得他想要的答案。

家是温馨的港湾

家是人类最珍贵的地方，不管你家有多贫穷，都是个温馨的港湾。推销员要懂得让客户谈论他们的家以及他们关于家的梦想——更豪华的房子、更精致的厨房、更宽敞的阁楼。

这里还有一些让你更快赢得人心的"销售台词"：

"您肯定有一个温馨的家。"

"这些地毯很好看，您自己挑的吗？"

"在家居装饰上花点钱很值得，不是吗？"

"如果花 3000 美元装修房子，您会做什么？"

当你在客户家里的时候，请与女主人谈谈这个家。如果你遵循这条简单的要诀，就能很快赢得客户的欢心。

著名的波登原则

理查德·波登是波登公司奶制品事业部的销售经理,他告诉我如何在后门口运用"销售台词"让女客户对麦乳立刻感兴趣。他们曾经尝试过很多方法和技巧,到目前为止,最奏效的方法就是先轻轻地敲门,当女主人来到门口时,就拿着一瓶巧克力麦乳对她说:

"请您摸一下瓶子,看看它有多冷。"

当女主人接过瓶子时,推销员会请她喝一口。于是,她领着他走进了厨房。

想办法进入后门,让女主人品尝你的产品,要比那种老套的销售台词管用:"您有兴趣订购我们的巧克力麦乳吗?"

推销员可以说一些关于"可爱的厨房"和"漂亮的窗帘"之类的话题,还可以使用"换位思考",说:

"琼斯太太,您认为这种麦乳口感怎么样?"

琼斯太太会欣然说出自己的意见。人们都喜欢发表自己的意见。

在你们交流的前10秒钟之内,如果你让对方感觉到"轻松自在",你就会赢得更多的交流时间。

如何轻拿轻放

如果你笨手笨脚或说话支支吾吾，那么，最好的话语、最好的技巧和最好的声音都白搭。优秀的推销员必须要懂得训练自己的手部动作。即便他拿着最便宜的项链，也得像是捧着价值百万的宝石。他一定要珍惜自己的产品，因为他的态度会影响客户的心情。

千万不要抓得太紧；千万不要扔在柜台上；千万不要让人感觉你手里拿的是棒槌；千万不要毛手毛脚，砰的一声丢到客户那边。请小心翼翼地轻拿轻放，这样可以给商品加分。请认真操作刻度盘、开关等，不要"毛手毛脚"，而要温和优雅。请小心翼翼地展开合同，轻轻地拿起笔来填写。这些都是销售中的小细节——但很重要，一定要注意！

你的操作示范要简单易学，让潜在客户一看就懂、一学就会。你还可以一边示范一边说：

"您只要这样做就可以了。"

"压下来很简单。"

"操作起来很容易吧？"

"使用起来很方便吧？"

请向客户抛出橄榄枝

如果潜在客户对某个商品不满意，说拿起来不方便或操作起来很困难，请不要反驳她，而要说："那些老式的机器确实这样。但看看这些新款机型，操作起来多么容易啊。"

请向客户抛出橄榄枝，让她积极参与到产品演示中来，因为这会引起她的兴趣，防止她对你的产品产生不满情绪。

人们都喜欢亲自动手。让他们参与进来吧，让他们亲自操作吧，你就把自己当作节目主持人。你可以说：

"在这里，您自己试试吧。"

"使用起来多么容易啊。"

"操作起来简单吧？"

"您会喜欢这样使用的。"

"这个把手不舒服吗？"

潜在客户们参与了拿起、试用、操作等一系列动作之后，一定会萌发购买的欲望。所以，请让潜在客户摸一摸、闻一闻、尝一尝你的产品，他们一定会用购买来做出反馈。

第二十一章

上门推销时如何酝酿语言
（遵循"在正确的时间说正确的话"要诀）

正如许多上门推销员发现的那样，签单不会轻易发生。许多头发花白的销售经理也发现，最好的产品也不会自己畅销起来。

制造商可以把推销员和产品推到客户的门口，但如果推销员不会使用前10秒钟的开场白，那么，他也进不去客户的门，产品就卖不出去。通常，那4寸高的门槛就是决定你销售成败的关键。

我常常喜欢提到这样一个团体——纽约销售俱乐部，这里的700名成员是美国销售管理人员的代表。他们邀请我设计一份上门推销的演示文稿，里面要含有"销售台词"。

因此，我请胡佛吸尘器公司的培训主管鲍威尔先生帮我创作了下面的两个小短剧，并在俱乐部演出。前一个小短剧一本正经，后一个小短剧则幽默风趣。它们共同说明了上门推销的语言和技巧的重要性。

上门推销的"销售台词"

惠勒的旁白:是什么原因勾起人们在家购物的欲望呢?许多人都不知道这个销售要诀还适用于其他领域的销售。如果你问我是否相信"千篇一律"的推销模式,我可以回答你:我已经分析了10.5万句销售台词在1900万人身上的检验结果,我认为该避免"千篇一律"的推销模式,而是要采取"计划周详"的销售模式。今天,在鲍威尔先生的帮助下,我将举例说明这两种销售模式之间的区别,同时介绍给大家一个展开销售谈话的要诀——"在正确的时间说正确的话"。这个要诀包括三点内容:第一,前10秒钟的精彩开场白;第二,3分钟的销售演示;第三,60秒钟的收场白。你会发现,这个简单的销售要诀可以带你走向成功。下面我们先看一看某个推销员上门推销吸尘器的案例,看他是如何机械地背诵销售台词的。我将扮演推销员的角色,鲍威尔先生先扮演我的销售经理,然后再扮演我的潜在客户。

销售经理鲍威尔:惠勒,这是我们新款"波杰克吸尘器"的春季和夏季销售台词!请你背诵一下。(递给惠勒一只大包装盒)

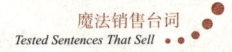

推销员惠勒：　　　好的,鲍威尔先生。(接过吸尘器包装盒)

销售经理鲍威尔：(拍拍惠勒的肩膀)去吧,小伙子!

推销员惠勒：　　　(对着观众)我现在走近第一个潜在客户。我准备使用"千篇一律"的推销模式,给客户一种强势的感觉,让客户心神不定。请看下面的小短剧:

短剧1:"千篇一律"的推销模式

推销员：(走到门口,按门铃,打哈欠。女主人开门了)早上好,夫人。您是这座房子的女主人,还是女佣呢?

女主人：为什么要纠结我是不是房子的女主人?

推销员：请原谅。我是波杰克吸尘器公司的推销员,来您家演示一下新款波杰克吸尘器的功能,清洁一下您家的脏地毯。

女主人：哦,等等——谁告诉你我家地毯很脏呢?

推销员：哦,您家是街上唯一我还没有拜访的人家!此外,对面街道上的阿布纳瑟太太说您肯定需要清洁设备。请让我进屋吧,太太,我不需要太长的时间。(推销员的态度很强硬,女主人非常不情愿地让他进了门。)

女主人：我不知道阿布纳瑟太太是谁，但如果你硬要待在这里，我就要……

推销员：您就在这张椅子上坐下来吧，我把吸尘器放这儿，好好清洁一下您家的地毯。我想让您看到这款吸尘器有多棒。这是那位设计火车还是什么高科技产品的家伙设计出的吸尘器，只是我忘记了他的名字。但是这款吸尘器很好看，可以长期放在您家的客厅里作为摆设，不是吗？

女主人：是的，看起来不错，但说到客厅，我丈夫有两只狗，这款吸尘器能吸狗毛吗？

推销员：（"千篇一律"的推销模式还没彻底阵亡）我马上就要说到这一点，但首先让我给您看一看吸尘器的操作过程。它的嗡嗡声并不大，不会打扰您的邻居，您不想打扰您的邻居，是不是呢？

女主人：是啊，当然不想打扰到邻居，但是，它可以吸狗毛吗？

推销员：我马上就要说到这一点，但首先让我给您看一看吸尘器的底部，看看这台机器有多高效。哦，太太，这款机器的底部不容易磨损您家的地毯。事实上，这款"波杰克"新品会伴随您一生，这就是您正在寻找的吸尘器，不是吗？

女主人：我真的不在乎它的寿命有多长，只要能吸掉狗毛就可以。

推销员： 当然会吸掉狗毛。

女主人：（生气地说）我怎么知道它能吸掉狗毛呢？

推销员： 您要相信我的话！现在让我给您展示一下它如何吸纸屑。（在地上扔了一些碎纸）看到了吗，几乎全都吸走了。真是太好了，不是吗？太太，这款吸尘器保证不会划破、磨损、弄歪、撕裂您漂亮的地毯。现在我已经清洁了一块脏地毯，并且向您展示了操作过程，下面我们来谈一谈这台机器的价格——

女主人：（站起来朝厨房走去）我真的不能再给你时间了，我家烤箱正在烤着蛋糕。你下次再来吧，到时候让我看看它是否真的会吸狗毛。我现在的吸尘器不能吸狗毛，我对任何一台可以吸狗毛的机器都感兴趣。再见！

推销员：（又站在寒冷的大门口）她家里可能会有几只脏兮兮的猎犬。（提起吸尘器包装盒）有趣的是，"千篇一律"的推销模式中没有吸狗毛的内容。若不是她不停地跟我纠缠狗毛的事，我会演示得更好。她不应该那样胡搅蛮缠。唉，我只好把吸尘器带回办公室了！

惠勒：（面对观众）这个短剧有些夸张，但它确实再现了"千篇一律"的死板推销模式的必然结果。现在让我们欣赏下一个小短剧，看看推销员鲍威尔改用"计划周详"的推销模式时会发生什么。请注意，当鲍威尔先生遇到一位女客户想购买可以吸狗毛的吸尘器时，他遵循了"在正确的时间说正确的话"之要诀，使用了前10秒钟的精彩开场白、3分钟的销售演示和60秒钟的收场白。

短剧 2："计划周详"的推销模式

推销员：（*神采奕奕地走到门口，看起来像个专业人士。按门铃，摘帽子，站立，微笑。女主人来开门*）早上好！我是鲍威尔，是来自吉贝尔胡佛吸尘器公司的推销员。（*出示了以前派发的广告单*）您收到过这样的传单吗？

女主人：什么事？

推销员：我今天来拜访您，是为了兑现我们的诺言，为您免费清洁一整块地毯和一件家具，并教会您如何节约清洁时间。这是我们最新生产的胡佛牌清洁套装。本次服务不收取任何费用。

女主人：刚才也有个男人来推销吸尘器，而且我家烤箱正烤着蛋糕。

推销员：（面带微笑）只要给我一点点时间就可以了。

女主人：好吧，请你进来吧。（他的微笑打动了她）

推销员：（走进去）我该怎么称呼您呢？

女主人：我是琼斯太太。

推销员：请问您的全名怎么称呼呢？

女主人：特蕾莎·琼斯。

推销员：（用笔做记录）谢谢。现在请您舒服地坐在这张椅子上。我只需要几分钟的时间，相信您会有兴趣学习如何节省清洁时间。（打开新款吸尘器）这是最新款的电动吸尘器。事实上，它是吸尘器科技发展史上的一次惊人突破，因为它遵循了所有的清洁原理。这是胡佛牌新款清洁套装，整个机器采用流线型设计，这是亨利·德莱弗斯的最新设计。您看见这个灯了吗？

女主人：看到了。

推销员：我们把它叫作灰尘探照仪。它可以看清需要清洁的地方，它走到哪里，哪里就会一尘不染。还有，这个红点是清空指示灯。

女主人：清空指示灯？

推销员：是的，清空指示灯。如果您忘了清理尘袋，清空指示灯会提醒您。这是自动地毯调节器，您只要踩在上面就可以了。（女主人照着做）这是即时处理定位器，操作起来就像开关一样简单。（插入接头）您只要这样做就可以了。

女主人：你说得很有趣，但胡佛吸尘器可以吸狗毛吗？

推销员：胡佛吸尘器可以吸狗毛吗？我想说的是……（打开吸尘器的开关）琼斯太太，您看到这些刷子了吗？我们称之为"吸毛刷"。

女主人：我从来都不知道它们叫作"吸毛刷"！

推销员：（在地毯上撒了一些绵丝）现在，琼斯太太，您自己看看如何轻松快速地去除这些绵丝。绵丝类似狗毛，只要加大电力就能吸掉。（女主人正在使用吸尘器）您喜欢吗？您看，胡佛吸尘器一边打扫一边震动，一边亮灯查找灰尘一边清洁污垢。胡佛吸尘器可以清理掉您看不到的隐蔽灰尘和狗毛。（感觉到女主人想买了）您可能会想知道为什么我们把这个叫作"1/50 清洗套装"。

女主人：是的，我想知道。

推销员：因为您每周只花 1/50 美元就可以拥有这样超实用的吸尘器。

女主人：哦——我不知道我的丈夫会不会同意。

推销员：每周 1/50 美元，也就是 2 美分。您每天花在小摆设上的钱可能都不止这些，不是吗？

女主人：容我考虑考虑。

推销员: 那我就把我签好的单子放在这里,我的名字上面就是希望您签字认可的地方;如果您认可了,那您家的地毯就会告别狗毛!(**女主人签字了**)谢谢您,琼斯太太。

女主人:(**站起来,面对观众**)等一会儿我要告诉我丈夫,我买了一款胡佛牌新款吸尘器,他可以让狗回来住了!

惠勒: (**面向观众**)这就是科学推销的典型案例。先生们,虽然胡佛牌新款吸尘器遵循了所有最新的清洁原理,基本上算是10年来最新款的吸尘器,但是,胡佛吸尘器公司意识到,如果不能用夸张的语言说出"卖点",那么,这些奇妙的清洁设备也会被家庭主妇们忽略或不当回事。因此,推销员鲍威尔用了10秒钟获得了客户的好感,并请他进了家门,接着他又用短短的3分钟进行演示。推销员鲍威尔按照自己的计划,没有主动要求潜在客户签单,就做成了这笔生意。他也没用那句老套的——"在这里签字",潜在客户却欣然同意签单。

发生在英格兰的故事

如果你不遵循"计划周详"的推销模式,会发生什么呢?嗯,这使我想起了一名推销胡佛牌吸尘器的英国人,他说,关于怎样说和怎样做,优秀的推销员根本不需要什么计划。于是他摆出了自己的销售演示。他敲着门说:"夫人,我来此的目的是告诉您如何把您的清洁时间减少一半,让您的生活更加舒适。"

作为一个礼貌的英国女人,她容许这个推销员进门,并说:"我永远欢迎任何一个可以让我的生活更加舒适的人!"

于是,他在她家客厅的地毯上撒上垃圾,并说:"现在,夫人,我先撒上一些垃圾,然后展示给您看的是,胡佛牌吸尘器如何清理垃圾。"女主人非常赞同他的观点。于是,他撕了一些纸,把一杯面粉撒在地上,抓起壁炉中的烟灰重重地砸在地毯上,最后,他把烟灰缸倒在了地板上。

他已经把地上弄得乱七八糟,女主人因为相信他刚才的话,所以对胡佛牌吸尘器清理残局的能力很有信心。可是,当他把她的家弄得一团糟之后,他说:"现在,夫人,我将向您展示胡佛牌新款吸尘器的神奇效果!那么,请问电源插座在哪里?"

于是,这个可怜的女人告诉推销员,她家只使用煤气!

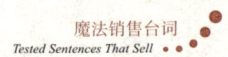

当你不遵循"计划周详"的推销模式时，会发生什么呢？从现在起，胡佛吸尘器公司的推销员必须遵循原定计划，把胡佛牌吸尘器放在电源插座的旁边，一旦进入某一家，就得知道这个房子用的是不是电——不要像这位英国人一样陷入窘境。

永远记住，要遵循那些行之有效的销售计划来行事。

第二十二章

如何使销售台词与销售演示相得益彰

有时，只需一句"销售台词"，就能让客户购买你的产品。但是，我们必须按照一定的模式来表达销售台词，于是便诞生了两种截然不同的推销模式——"千篇一律"的推销模式和"计划周详"的推销模式。

不管你是花 10 秒钟还是 10 天卖掉某种产品，都必须遵循使用简单台词的销售要领。

客户有一个"疲劳点"，超过了这个时间点，他就听不进去你说的话了。你必须不断地用简洁的"字字珠玑"式的语言向他的大脑中灌输"卖点"；你必须不断地唤起他的兴趣；你必须不断地刺激他的味蕾；你必须不断地寻找让他垂涎欲滴的东西。

在纽约销售俱乐部，我和沃伦·里谢尔一起创作了下面的小短剧，并在罗斯福饭店上演。我们第一次展示的是错误的销售演示，然后再做出正确的销售演示。下面就是我们创作的小

短剧,告诉大家如何让销售单台词配合销售演示:

惠勒的旁白:先生们,在你们的促销或销售活动中存在两个薄弱环节:其一是推销员向经销商推销产品的时候使用的销售台词和销售演示;其二是经销商向客户推销产品时使用的销售台词和销售演示。我们再回顾一下几个星期前的销售演示,看看那只能靠碰运气的"千篇一律"的死板推销模式,以及那行之有效的更准确、更快捷、更安全、更简单的"计划周详"的科学推销模式。我现在要扮演一个推销黄油和鸡蛋的推销员,他为了避免与经销商对话的时候遗忘,已经背熟了销售台词。

错误的销售演示

【惠勒进入阿布纳瑟·施马尔茨的商店,施马尔茨正忙着打扫货架。】

惠勒: 你是店员吗?我要找阿布纳瑟·施马尔茨先生。
施马尔茨:我就是阿布纳瑟·施马尔茨。
惠勒: 哦,这家店长期批发黄油和鸡蛋吗?
施马尔茨:是啊——你想买一些吗?
惠勒: 哦,您误会我了,老板——我是黄油和鸡蛋推销员。我们公司派我来这里是向您推销比克利黄油和鸡蛋。

施马尔茨：好吧，你继续说，看看我有没有兴趣！

惠勒：　　首先，我想告诉您比克利公司的背景。我们公司自1870年成立以来就一直经营黄油和鸡蛋批发业务，而且——

施马尔茨：我从一个农夫那里批发黄油和鸡蛋。你们公司的黄油和鸡蛋更好吗？

惠勒：　　当然！我想向您介绍一下我们公司的人员构成。比如，我们老板，他是一个优柔寡断的老人，他喜欢在切萨皮克湾钓鱼。您要不要看一看他上周钓到的鱼——

施马尔茨：我也喜欢钓鱼，但你可不可以告诉我，你们公司的黄油和鸡蛋比我从农夫那里批发的好在哪里？

惠勒：　　当然可以！我还想向您介绍一下我们公司的销售经理。他就是把我派到这里来向您推销的那个家伙。您知道吗？他是个空想家，有很多有野心的点子，而我们这些奋斗在最前线的推销员必须成为他验证点子的小白鼠。我在想，如果我是销售经理的话——

施马尔茨：但是，你的黄油和鸡蛋比农夫的好吗？

惠勒：　　（从盒子中拿出一块糖）当然比农夫的更好，但是——

施马尔茨：你说你的话,不要吃那块糖——那是要卖钱的!

惠勒：对不起——现在请您看这里,施马尔茨先生,我们刚才浪费了很多时间,我想请您帮我一个忙。

施马尔茨：(生气)哦,你要我帮一个忙,是吧?

惠勒：当然。我想,如果你——

施马尔茨：你赶紧从我的店里滚出去,这是你对我的最大支持!我已经损失了 2.85 美元的销售额,现在请你马上滚——该死的蠢货!

惠勒：哎呀,这些杂货商真是难缠的家伙。

正确的销售演示

惠勒:(面对观众)这个短剧有些夸张,但它确实证明了当前销售界的一大要诀:当推销员拜访经销商的时候,他只有10秒钟的时间来引起经销商的兴趣,如果在这段时间里他没有说出什么有力的信息,经销商就不会理他——无论是在身体还是在精神上。现在,让我们看一看这个推销员一个月后的状态,这时的他已经扔掉了"千篇一律"的推销模式,并精心研究出一套"计划周详"的销售演示。他现在不仅掌握了前10秒的开场白、销售台词和销售演示,还有一个有趣的计划,准备教给经销商相关的台词和技巧,帮助经销商提高销售量。我将再次扮演推销员的角色。

【惠勒步履轻快地进入了商店。】

惠勒: 早上好,施马尔茨先生,我的名字是惠勒,我是比克利公司的推销员。请问您想要做黄油和蛋生意吗?

施马尔茨:我想。谁不想呢?

惠勒: 试着感觉一下这个鸡蛋的重量。(把一个鸡蛋放进施马尔茨先生的右手中)现在感觉一下这个鸡蛋的重量!(把另一个鸡蛋放进施马尔茨先生的左手中)您右手中的鸡蛋比左手中的鸡蛋重得多,但鸡蛋的大小是一样的。是不是呢?

施马尔茨:(迷惑不解)是的,这只鸡蛋更重——为什么呢?

惠勒: 那是比克利农场的鸡蛋,施马尔茨先生,产蛋的那只母鸡饮食均衡,且饲料中含钙。

施马尔茨:钙?什么是钙?

惠勒: 钙是骨骼和身体中的营养成分。鸡蛋中含钙量越高,鸡蛋就越重。从鸡蛋的外观来看,看不到里面有什么区别。无论鸡蛋壳是棕色的还是白色的,都没有办法确定壳内的营养成分,您必须称一称鸡蛋的重量才能明白它的营养价值。一打优质鸡蛋的重量不少于24盎司。您左手中的鸡蛋，下出它的母鸡一直在农场里吃剩饭，它吃得少，所以产的蛋非常轻；您右手中的鸡蛋是一样的尺寸和相同的颜色，但却更重——这是比克利农场的鸡蛋，里面富含强身健体的钙。

施马尔茨：天哪，我从来都不知道。

惠勒：我敢说，关于鸡蛋，很少有客户知道这一点。他们只是看颜色和价格买鸡蛋。但如果您花10秒来告诉他们比克利农场鸡蛋可以补钙，您的鸡蛋价位就会更高，不是吗？

施马尔茨：是啊。我对农场补钙鸡蛋很感兴趣。（当他大声说话的时候，一位顾客进来了）

顾客一：我要一些胡椒粉。

施马尔茨：5美分的还是10美分的？

顾客一：哦，5美分的就可以了。

施马尔茨：今天买不买点沙丁鱼罐头呢？

顾客一：不，5美分的胡椒粉就可以。

【顾客离开了。】

惠勒：您想知道怎么向顾客成功推销大包胡椒粉吗？

施马尔茨：（感兴趣）我当然想。你可以教我几句有吸引力的台词吗？

惠勒：好啊。下次顾客进来买胡椒粉时，不要问他买大包的还是小包的，而是挖掘"卖点"，您可以说：要经济实惠的家庭装吗？

施马尔茨：经济实惠的家庭装？

惠勒：现在，我再给您一个建议：如果您想推销沙丁鱼罐头，请取出一罐，倒放在女顾客的面前，对她说："这些沙丁鱼罐头一个月倒放一次。"当女顾客问为什么的时候，请告诉她，让罐子底部的橄榄油渗透到沙丁鱼中，可以使罐头保持滋润。

施马尔茨：哦，这样就可以增加销售量！顾客来了，看我在她身上试一试。

顾客二：我想买一些林索肥皂粉。

施马尔茨：要经济实惠的家庭装吗，帕金斯太太？

顾客二：哦，当然。

施马尔茨：（递给她林索肥皂粉，然后拿着一罐沙丁鱼摆在她面前）这些沙丁鱼罐头一个月倒放一次，帕金斯太太。

顾客二：（很惊讶，也很感兴趣）每个月都会倒放？天哪，这是为什么呀？

施马尔茨：让罐子底部的橄榄油渗透到沙丁鱼中，可以使罐头保持滋润，这样沙丁鱼味道会更好。

顾客二：这是一个好主意，我敢打赌那些沙丁鱼味道很好。我要买一罐。

施马尔茨：经济实惠的家庭装吗？

顾客二：噢，是的，我总是喜欢经济实惠的东西。

【顾客接过罐头，离开了商店。】

施马尔茨：（高兴）这个办法很奏效啊，年轻人！这是帕金斯老太太第一次买大包装的肥皂粉。老天爷啊，自从经济大萧条以来，她就从来没有买过25美分的沙丁鱼罐头！

惠勒：这是一套行之有效的销售演示，也是很有吸引力的销售台词。施马尔茨先生，白壳鸡蛋和棕壳鸡蛋，哪一种您卖得最多呢？

施马尔茨：哦，这个社区的居民都喜欢买我的白壳鸡蛋。

惠勒：我给您送一盒我们加钙的白色鸡蛋怎么样，星期一还是星期二？

施马尔茨：（心不在焉）星期一就好了。

惠勒：真是美好的一天！我下周再来教您一些"销售台词"，帮您拓展生意。

施马尔茨：（突然醒过神来）我说年轻人，你——太晚了——他已经走了,我竟然无意中订购了他的鸡蛋!我店里这个星期真的不需要鸡蛋了,他一定给我喝了什么迷魂汤!但是,算了吧!他是个很棒的小伙子。

第二十三章

有个男人要买礼物送给爱人，你该如何向他推销？

在过去几年中，有数据显示，85%的商品都卖给了女人。而向怕老婆的男顾客们推销产品还是很难的。

这是一个众所周知的事实：在零售店，当一个怕老婆的男顾客来到女装部的时候，售货员会立即向他出示最合理的价格——因为他很快就会买下来。价格是第二考虑的问题，他很尴尬，他想很快买下，然后迅速离开。

如果他只看到了昂贵的商品，他也会决定买下高价商品，然后付钱，离开商店。

另一方面，女性是"家庭中的购物主力军"，她们会让销售人员一个接着一个地拿给她看，直到看到自己最满意的商品。她们一直在寻找，直到找到物美价廉的商品。她们是到处找便宜货买的人。

最近，梅西公司已经认识到"销售台词的重要性"，意识到最美好最迷人的商品也不一定能卖出去；销量的提升通常是推销员运用有力的语言和技巧的结果。

　　有一个世界有名的商场邀请我去给他们讲课，培训对象首先是 200 名买手和采购官员，然后是 12000 名普通员工。

　　我与商场副总裁保罗·霍利斯特先生进行了切磋，我们一致主张让销售人员在销售演示过程中学会适当的销售台词和销售演示。我们首先表演了一个小短剧，向他们展示错误的销售方法，接着又演了一个小短剧，演示正确的销售方法。事实证明，对比的方法很奏效。

　　因此，我们创作了以下两个小短剧。它们带有喜剧目的，稍有夸张，但可以很好地提炼出卖点，并诠释了惠勒的五大销售要诀：

1. "牛排的卖点是它的嗞嗞声！"
2. "不要长篇大论——要字字珠玑！"
3. "要讲得绘声绘色！"
4. "不要问买不买，而要问买哪个！"
5. "让你的声音更加悦耳动听！"

销售演示 1：你不能这样推销粉饼和香水

店员：（在鼻子上擦着粉）我马上就去找您。

顾客：你们这里卖粉饼吗？

店员：是的，卖粉饼。

顾客：好吧，我想买一些。

店员：（奇怪地看着顾客）好吧，您要什么颜色的粉饼？

顾客：不是我要，是我妻子要。

店员：她是金发还是黑发？

顾客：她是红发。

店员：好吧，这个适合她。

顾客：多少钱？

店员：我看一下。（看了看盒子上的标签）1.5 美元。

顾客：噢，太贵了，有便宜一点的吗？

店员：这里有一款 1 美元的粉饼，很不错。

顾客：好吧，1 美元的粉饼和 1.5 美元的粉饼之间有什么区别？

店员：两者唯一的区别就是颜色。我们这里所有的女职员都使用 1 美元的"红色粉饼"。（与顾客亲密起来）

顾客：哦！给我 1 美元的那种粉饼。

店员：您要不要定期买香水？

顾客：不了，谢谢，我从来没有用过香水。

店员：不是给您自己买，是买给您妻子——红发的女人！

顾客：不，我就买这些了，今天赶时间。

店员：但它很便宜。

顾客：不买，今天不买。

店员：但是它只要5美元。

顾客：不——只买粉饼！

店员：但是我们今天有优惠活动，而且——

顾客：（生气）我不关心你们的优惠活动。（匆匆忙忙地走出商店）这么强制销售，我再也不来买东西了。

店员：现在顾客兜里都没什么钱。

你最好这样推销粉饼和香水

店员：真是个不错的早晨，不是吗？

客户：是的……我想买点粉饼。

店员：您想要金发粉饼还是黑发粉饼？

顾客：红发粉饼。

店员：这里有一款粉饼非常适合红发。

顾客：多少钱？

店员：1.5美元。

顾客：太贵了，有便宜一点的吗？

店员：有，先生，这些是 1 美元的粉饼。

顾客：1 美元和 1.5 美元的粉饼之间有什么区别？

店员：1.5 美元的粉饼是专门服务于红发的，色泽保持的时间更长。这样她就不用频繁上粉了，很长时间都不会掉色！

顾客：色泽保持的时间更长……更持久……太好了！（自言自语）以后我带她出门的时候就不会看到她的邋遢样了。

店员：（闻到香水味，递给顾客）这款香水的香味很好闻，不是吗？

顾客：是的，这是什么香水？

店员：这是米琪香水，它具有一种清香，特别适合于红发，而且香气持久。

顾客：真的持久吗？那她就不必用得那么频繁了！

店员：它可以为您省钱。

顾客：我会买下的。我喜欢你的商店，你总是告诉我怎样省钱。

店员：也许您可以再买一瓶，在母亲节那天送给您的母亲，怎么样？

顾客：（非常悲伤）我没有母亲。

店员：（自作多情）还有别的女性亲属吧？

顾客：（不好意思）其他人？让我想想……（大笑起来）

如前所述,这些短剧很简单,但事实证明,如果可以灵活套用,就会非常有效。他们的每一个笑容都是在渲染气氛。推销员要学会自我审视,就像别人审视自己一样。推销员必须意识到,销售演示其实就是一系列的"销售台词"串联而成的有机整体。

现在让我们看看第二个小短剧。

销售演示 2:你不能这样推销长筒袜

店员:(站在旁边打呵欠)您在等人吗?

顾客:今天早上我太太对我说:"查利,回家的路上给我买几双长筒袜。"你们这儿卖长筒袜吗?

店员:当然,我们卖长筒袜。

顾客:我能看一下吗?

店员:您太太穿多大的尺码?

顾客:啊,她没有说。

店员:好吧,您结婚多久了?

顾客:13年,怎么?

店员:那您应该知道您妻子穿的是什么尺码。请把您的脚放在柜台上。(顾客把脚放在了柜台上)

店员:她的脚和您的脚一样大吗?

顾客：不——只有一半左右。

店员：那她就要 10 码了。现在，一双好袜子要 1.5 美元。

顾客：有便宜一点的吗？

店员：当然有，这里是 1 美元一双的。

顾客：有什么区别？

店员：50 美分的区别；但我们这里所有的女职员都穿 1 美元的，我们喜欢这些袜子。

顾客：好吧，我也买 1 美元一双的袜子。如果你们这些女孩很满意的话，我太太也会很满意。

店员：两双怎么样？

顾客：不，我太太一次只能穿一双。

店员：好吧，为什么不能大方一点买两双呢？

顾客：不——就买一双。快点。

店员：但是我今天的销售额太少，我需要多卖几双……

（店员跟着顾客下台阶，想说服他再买一双）

顾客：我下次再来买吧。你的强制销售让我不快！

店员：愚蠢的家伙。如今的顾客兜里都没什么钱。

你最好这样推销长筒袜

店员：早上好。

顾客：早上好。（看着柜台上的长筒袜）

店员：这些长筒袜很漂亮，不是吗？

顾客：是的，我太太要我给她买一双。

店员：您的太太穿什么尺码的袜子，先生？

顾客：哦！她忘了告诉我。

店员：那我给您拿 9½ 码的袜子，这是平均尺码。这里有一款非常好的袜子。

顾客：多少钱？

店员：1.5 美元。

顾客：嗯，你们有便宜点的吗？

店员：有，先生，这是 1 美元的。

顾客：1 美元和 1.5 美元的长筒袜有什么区别呢？

店员：1.5 美元的长筒袜能穿很久！

顾客：能穿很久！嗯，那是她需要的，她总是穿着长筒袜在外面散步。我要买一双。

店员：您太太的袜子总是一只比另一只磨损得更快吗？

顾客：的确是。她总是先磨破一只袜子，然后两只袜子一起扔掉。

店员：那您买两双颜色一样的袜子不更好吗？这样的话，在一只袜子磨破了的时候，她就可以换着穿，是不是？

顾客：是啊，这是一个好主意！我要买两双。

店员：您现在如果买三双，第三双只要 1.25 美元就可以了，这样您就可以节省 25 美分。

顾客：我要买三双——可以省钱。(离开商店) 这家商店里的店员很不错，他们非常热情周到。

店员：如今的顾客花钱越来越大方了！

你不仅要训练自己怎么说和怎么做，也要教导别人怎么销售。在一次给定的销售演示中，如果你先采用错误的推销方式，接着马上采用正确的销售方式，就会发现学员们会更快地掌握正确的销售方式。

起初，这些短剧是我们为梅西公司创作的，后来在其他一些零售集团传播开来，结果总是相同的——销售人员每次都是笑着离开，同时也更加渴望提升销售台词和销售演示。

记住下面的销售要诀：

> 销售演示无非就是把一系列"销售台词"按时间顺序串联起来。

第二十四章

做销售也要懂点儿有关
钓鱼的知识

  销售就像钓鱼一样，你必须在鱼钩上挂上潜在顾客喜欢的诱饵。你瞧，约瑟夫·戴伊向卡耐基出售了一栋楼。

  比目鱼是咸水鱼，它们大量生活在长岛周围。我喜欢钓比目鱼。这是一项有趣的运动，比目鱼很懒惰，身子又扁又宽，有些人叫它们"门前的擦鞋垫"。它们身体的朝下一面是白色，朝上一面是黑色。这种颜色搭配是为了自我保护，因为从上面看，黑色的一侧不容易被人发觉。

  比目鱼喜欢在海底深处游动。它们生性温和，易受潮汐的影响。涨潮的时候，比目鱼会骚动起来，游向潮水的方向。

  为了钓到比目鱼，你要在鱼钩上放一条活蹦乱跳的小鳉鱼，大约是钓饵小鱼的3倍大小。钓丝上的铅锤拉着这个小鳉鱼沉到海底，小鳉鱼游来游去，试图摆脱钩住自己尾巴的鱼钩。比目鱼张开嘴巴吞下小鳉鱼的头，这要花好几分钟，钓鱼的人还没有意识到这一点。

过了一会儿,渔夫变得焦躁不安,开始上下摆动钓鱼线,小鳉鱼开始滑出比目鱼的嘴。比目鱼眼看着自己的美餐即将付之东流,于是一口把小鳉鱼的整个身体都吞到嘴里。

比目鱼上钩了

如果钓鱼的人不再拉动鱼线,比目鱼会继续把小鳉鱼叼在嘴里,但如果钓鱼的人再次摆动鱼线,比目鱼害怕自己会失去一顿美餐,就会一口吞下小鳉鱼,然后它就上钩了。

现在这位经验丰富的钓鱼人知道了比目鱼的这种饮食习惯。他举起钓竿,把船划向潮水的方向,以便小鳉鱼沉在海底,随时遇到懒惰的比目鱼。比目鱼先是叼住小鳉鱼的头,然后感觉小鳉鱼在挣扎,害怕失去口中物,就要吞下小鳉鱼,于是就上钩了。

因此,如果你想钓到比目鱼,请不停地拉动鱼线上下摆动,还要把船划向潮水的方向,以便遇到懒惰的比目鱼。另一方面,如果你放下鱼饵之后就不管它了,比目鱼只会叼住小鳉鱼,也许还会放了它。

销售就像钓鱼一样

当你向你的朋友或商业伙伴推销一个创意,或者向任何人推销任何产品的时候,也可以像钓鱼一样。你可以先让他们品尝你的产品,然后拉饵远离他们,那么,某些人就会猛向前冲,掉进你的销售陷阱当中。

有一段时间,在许多谈判中,我们可以挪走诱饵,解释说,截止时间到了,你必须到其他地方去。这时候就会有很多人争先恐后地购买你的商品。

如果你让一个潜在客户感觉其他人也在争夺你的产品或服务,他的兴趣就会被激发出来。人们都喜欢抢夺别人想要的东西,这是人类的本性之一。

群居本能

我们喜欢熙熙攘攘的人群,这就是所谓的"群居本能"。羊喜欢挤在一起,其他的动物也喜欢挤在一起。人们喜欢走进坐满人的餐馆,人们喜欢大街小巷、商店林立、车水马龙、人来人往的场景。许多商店故意设有小走廊和小电梯,人们认为,如果商店里有很多人,那么这里卖的东西一定差不了。

请记住比目鱼的故事。请记住,你的潜在客户从头到尾都处在慵懒的状态，如果你不开始晃动诱饵，他们是不会"理睬"你的。所以，请让鱼儿上下跳动，让他们害怕彻底失去这个机会。

请小心提防"像比目鱼一样的客户"。如果你遇到比目鱼一样的客户，请用钓比目鱼的方法去引诱他们；如果你遇到"鲑鱼一样的买家"，那就抓紧时间卖东西给他们。

同时，别忘了这条要诀：请根据潜在客户或鱼的偏好，选择适当的诱饵，而不是选择你自己喜欢的诱饵。

又是一个钓鱼的故事

几个星期之前，我带上我的钓竿，去拜访我的一位老朋友——杰伊·格罗伊利希，他花了相当多的时间钓鱼。我们去了一个新的钓鱼点碰运气。在接近火车站的地方，我们购买了诱饵，杰伊问服务员如何才能让鱼咬住钩子。

杰伊问："你们卖什么样的鱼饵？"

"你喜欢什么样的鱼饵？"服务员答道，"我们有各种各样的鱼饵。"

"那么，"杰伊说，"我不是要我喜欢的鱼饵，而是要鱼喜欢的鱼饵。告诉我，这些水域中的鱼会咬什么样的鱼饵？"

服务员告诉他是沙虫，于是我们买了一些沙虫，所以钓到了很多鱼。

这个故事只是幽默的开始，随着时间的推移，我又悟出了一个新道理。我发明了这条要诀：钓鱼需要使用鱼喜欢的鱼饵，而不是你自己喜欢的鱼饵。换句话说，我喜欢吃多汁的牛排，但鱼不喜欢吃牛排，所以我不能拿牛排去钓鱼，而得用鱼喜欢的鱼饵去钓鱼。

销售也像钓鱼一样，请使用潜在客户喜欢的诱饵，这就是为什么许多推销员会提前挖掘潜在客户的喜好。如果他是一个狂热的足球迷，请你先熟悉一些足球技能。但如果他讨厌足球比赛，请你永远都不要跟他谈论足球赛事。

每个家庭主妇都知道这条要诀：抓住男人的胃就能抓住男人的心。于是，每个聪明的女人都会伺候好自己的男人。

约瑟夫·戴伊做成了一笔生意

纽约最著名的房地产经纪人约瑟夫·戴伊正坐在纽约南部的帝国大厦里与埃尔伯特·加里讨论办公室搬家的事情。加里想搬到更好的办公室去帮助那些即将进入公司的年轻董事们。

韦伯和摩根在《心理操纵术》一书中这样描述这个过程：

"回想一下，你刚到纽约的时候，你的办公室在哪里？"

"怎么，我当时就在这座大厦里办公。"加里回答道。

戴伊稍稍停顿了一下，又问："回想一下，钢铁公司是在哪里成立的？"

"就在这栋大厦里。"

戴伊的两句简单问话就是有力的销售台词,它们被刻进了加里的脑海里。几秒钟后,加里深受触动,他喊道:"我们在这里出生,我们在这里长大,这里是我们要待一辈子的地方!"

让别人在没有怨恨的前提下改变自己的思维,就是让他自己改变自己的思维,把某些事实委婉地摆在他面前,让他自己去消化。

保罗·刘易斯跟我联络,告诉我他有个邻居住在康涅狄格州河谷区,无论是雨天、晴天、阴天,还是春天、夏天、秋天、冬天,那人都能钓到鱼。他喜欢给鱼开肠破肚,先弄明白鱼那天吃的食物,然后便知道用什么鱼饵来钓鱼了。

我们可以挖掘客户头脑中在想什么,他们喜欢什么样的"精神佳肴",然后用他喜欢的诱饵去喂他。

我可能喜欢吃意大利面,但如果我想钓到鱼的话,就不能用意大利面条做鱼饵。我最好用鱼喜欢的鱼饵。如果我带一位客户去吃饭,我就不会为他点我喜欢的食物,而是要点他喜欢的食物。

你如何才能发现客户喜欢的"精神佳肴"呢?请在主动出击之前耐心询问他!面谈的时候,你要学会提问——学会用"问号"去询问客户的需求,而不是用"感叹号"去吹嘘自己的产品。

切斯特菲尔德勋爵曾经说过:"如果你懂得观察一个人喜欢

什么话题，就会了解这个人的虚荣心在哪里。"

谈话的时候，请把 99% 的话语权让给对方，你只要学会倾听就可以！

这就是挖掘对方心中想法的途径。你一旦了解到他的这些信息，就要用他喜欢的"精神佳肴"去喂他。

这个要诀很简单：

用他喜欢的诱饵去喂他——就会勾起他的购买欲望！

第二十五章

"小姐"和"太太",哪个称呼更有效

在销售过程中,有时候一个字可以价值百万。电话销售的成功需要动听的声音加上迷人的微笑。那么,如何搞定客户家中的女仆呢?你的前10个字胜过后面的千言万语。

查尔斯·米切尔父子是巴尔的摩市雷加尔洗衣店的店主,他们也是巴尔的摩广告俱乐部的成员。我曾经给他们做过演讲,启发小查尔斯·米切尔做一项关于电话推销员销售用语的调查。

雷加尔洗衣店有一套很先进的实时电话监控系统,允许观察员在雷加尔电话推销员和潜在客户之间的通话中"插嘴"。在收集了大量的数据之后,有人指出,已婚妇女推销员比单身女孩推销员的成单率要高。在电话里只能听到声音,很难分辨已婚女人和未婚女人的声音,那么,是什么让已婚妇女获得更多的业务呢?是不是著名的"用声音传递微笑"呢?这个情况让我们困惑了好几个星期,然后我们做了这个有趣的观察。

你叫她"太太",她不会挂电话

如果你打电话给潜在客户,并对他说:"我是雷加尔洗衣店的史密斯太太。"电话另一端的潜在客户可能会犹豫一下要不要挂电话。她觉得已婚女人值得考虑,因为她自己也已经结婚了!另外,一个单身女人怎么会知道整个家庭中的洗衣问题呢?

我们做了一个实验,要求所有的话务员在电话中自称"太太",这样一来,客户们就喜欢听她们说话了!

这个称呼可以让雷加尔洗衣店赚取几千美元的额外收入。

当女佣接电话的时候

大多数情况下,接电话的是女佣。雷加尔洗衣店的电话销售会简洁地说:"请告诉琼斯太太,这是史密斯太太的电话。""太太"这个称呼又一次发挥奇效。

当女主人接电话时,电话销售会立即想办法引起她的关注:"我打电话是为了了解一下您家洗衣服的情况。"哪个女人会忍心挂断这个毫无恶意的电话呢?

几乎没人会这样。

下一步是要问出这个潜在客户每周在哪里洗衣、如何洗衣，话务员还要研究使用什么样的推销语。我们这样问：

"琼斯太太，您是把衣服送出去洗，还是在家洗呢？"

无论答复是什么，雷加尔公司的女电话销售都会有机会解释雷加尔洗衣店的优势，女主人也有可能同意让雷加尔洗衣店为她服务。

销售是如此简单直接——为什么要将它复杂化呢？

如何应对客户的借口

你认为，一个女主人给洗衣店话务员的答复中会有多少拒绝理由呢？差不多有 40 个拒绝的理由或借口。例如：

我会自己洗衣服。

洗衣店会损伤衣服。

洗衣店容易丢东西。

洗衣店洗衣时间太长。

我的女佣会帮我洗。

我对我现在的洗衣店很满意。

你们洗衣店总是把大家的衣服混在一起洗。

另一家洗衣店更便宜。

洗衣店的话务员要在电话中针对这 40 个借口做出合乎逻辑的劝说——并且要保证是行之有效的劝说词。无论是在后门口，在电话销售当中，或在柜台前销售，都要遵循基本的销售要诀，使用良好的销售台词。

你最好这样做：提前研究客户可能的拒绝理由，并想出合理的劝说词！

典型案例汇总

下面是一些应对客户异议的"有效回答"：

质疑：洗衣店容易丢东西。

回答：雷加尔洗衣店采用的是美国邮政新型的四重核验系统。

质疑：洗衣店总是把大家的衣服混在一起洗。

回答：雷加尔洗衣店把每个人的衣服都放入单独的小盆洗，从来不会混淆大家的衣物。

质疑：洗衣店会损伤衣服。

回答：我们使用的是棕榈牌泡沫肥皂和软化水，比家里水龙头里流出的硬质水更加柔和。

对于客户的每个拒绝理由，都要想出相应的劝说词。你可以独自一人悄悄地坐下来，把你觉得客户会提出的异议制成表格，然后设计好劝说词。如此一来，你会发现，你每攻破一个借口，就会提高一分成交率。

因此，我们这里有个温馨提示，与大家共勉：提前研究客户可能的拒绝理由或借口；然后准备好你要用的劝说词，并随时准备用语言表达出来——从第一个借口开始——击破。

你家后门口的那个男人

你家后门口那个向你推销牛奶、面包、洗衣或其他任何服务的男人一定懂得前 10 秒钟开场白的重要性。他有 10 秒钟的时间告诉你他是谁，以及他拜访你的目的。

雷加尔洗衣店研究出一个有效的方法：先敲人家的后门，在众目睽睽之下拿着一件刚洗的男人衬衫，对一个女人说：

"这是我们雷加尔洗衣店为这附近的许多男人洗的衬衫样品。"

推销员要及时关心客户的真正需求，不妨这么问：

"您丈夫的衬衫是在家洗还是送出去洗呢？"

这时候，女主人会做出回答，但无论她回答什么，这次销售过程都很快乐。（参考"惠勒销售要诀之四"——不要问买不买，——而要问买哪个！）

要注意自己前 10 秒的开场白——也就是你开口讲的前 10 个字。你要记住下面这条销售要诀：

前 10 个字的开场白胜过后面的千言万语。

第二十六章

"老约翰斯顿"找到了成功推销香烟的5个字

一个老人花了50年的时间找到了一句"销售台词",其中包含着足以击破客户拒绝理由的"卖点"。他靠5个字,做成了一笔价值几百磅的烟丝生意。

50年来,约翰斯顿一直在俄亥俄州克利夫兰市一家烟草公司担任烟丝配制工。一天早晨他被解雇了。"可怜的老约翰斯顿"惨遭淘汰,因为公司领导层认为他太老了,已经干不动了。

他并没有灰心丧气,接着便开始上门推销各种电子产品。但这些产品没有"重复使用价值",它们都是"一次性的"。老约翰斯顿无法开拓业务——无法建立客户群。

他开始卖其他的小玩意儿,还是以失败告终。后来,他突然决定利用自己做了50年烟丝配制工的优势。显而易见且自然而然——他已经花了50年的时间来思考这个问题。他花了22美元购入爱尔兰烟叶,然后制成烟丝,他相信这种口味的烟丝会有很多抽烟斗的人喜欢。

"你的香烟太贵了"

他只用烟叶，好烟叶成本高，所以客户要花的钱也多。他每磅烟丝要价3美元，自然，这个价格遭到了客户的反对，就跟过去的50年里他以前的公司遇到的难题一样。

人们会对他说："约翰斯顿先生，你的烟很好，但对于我这种常抽烟的人来说太贵了。"

老约翰斯顿无论去哪里都会遇到这样的难题，他很沮丧。他告诉我，他花了42天的时间卖掉了他的第一批爱尔兰烟丝。

有一天，他对客户质疑价格的问题做出了解释，试着让客户明白为何要这样定价。客户得知真相后才明白他的烟丝并不贵——而且还很便宜。

5个字的销售台词

他是怎么做到的呢？他用了一句话，只有5个字，却成功促使客户购买他的烟丝。他是这样做的：他会倾听潜在客户口中那老掉牙的意见，然后向他要了一支烟，拿在手上，（*绘声绘色地讲述产品的"卖点"*）然后这样说：

"您知道卷烟的价格是每磅9美元吗？"

潜在客户倒抽了一口气:"什么？每磅9美元！""当然——您自己琢磨一下吧！每磅卷烟那么贵，可谁知道呢？"

此时潜在客户才发现烟丝这么便宜——甚至最贵的烟丝——当这个"销售台词"掷向他的时候，他突然意识到老约翰斯顿那好抽的烟丝每磅才3美元，比每磅卷烟便宜了6美元。

5个字赢得了1600名客户

在过去的3年里，老约翰斯顿已经在克利夫兰市建立了一个将近1600名商人的客户群。他们都认识老约翰斯顿，他们办公室的大门都永远对他敞开着。

"每磅9美元"，经过50年的深思熟虑而想出来的5个字，已经让他售出了数百磅的烟丝。请尝一尝他的"12号烟丝"，你会喜欢这款烟，也会喜欢上这位70岁的老人。70岁时明白这一道理仍不算晚：

> 想想潜在客户对你所说的话会作何反应。

第二十七章

能唤起客户回应的奇妙销售台词

在销售过程中,一些奇特的销售台词也有市场。但仅仅是为了"骗开门"和"求关注"而信口开河,那就对销售有害无益了。只有在能够促进销售平稳达成的情况下才可以用这些奇特的销售台词。当你看到"禁止推销"之类标识时,图书推销员会使用这种方法。

我一直对一门学问很感兴趣,那就是美国人"叫门"的艺术。如何让一个忙碌的家庭主妇允许你进门——烤箱里烤着蛋糕,两个孩子等着穿衣上学——是一门大学问。

最近,我发现最有趣的不速之客或许就是那种教科书里讲的推销员,请看下面的对话:

推销员:(敲门)您家有一个叫多萝西的小女孩吗?
女主人:(不知道)噢,不,我家有一个叫哈罗德的男孩。
推销员:噢,是的,就是哈罗德这个名字。他历史成绩退步了，您知道吗？

女主人：我不知道。我还以为他作文退步了呢。

推销员：我想告诉您如何让哈罗德的作文分数提高。我可以进来讲吗？就一小会儿。

女主人：（用围裙擦着手）哦，当然可以，进来吧。

人们往往会对简单的事情做出回应。非常简单的事实，大家都能想到，而其中蕴含的道理却又很微妙，很少有人去细想。注意！不要靠耍花招来接近潜在客户，因为当她戳穿你的鬼把戏时，等着你的会是一根擀面杖！

"如果你跑着去的话"

一个裁缝店里有这样一句话："本店熨裤子——每条裤腿10美分！"

可笑吗？当然。但这条标语简单直接，脱口而出。

我认识一个推销员，当潜在客户不肯来后门的时候，他就走到前门，对客户说：

"今天我在后门叫门您没听见，所以我来到前门。"

荒谬吗？也许吧。但这句话很奏效。

一位房地产商也开了这种无伤大雅的玩笑。当然，他总是面带微笑地说："现在这座漂亮的房子距离长岛铁路只需5分钟的路程——如果你跑着去的话。"

我认识的另一个房地产商经常对我说:"如果这个地方有一个 8 英尺高的衣橱,我就能把整个房子卖掉。"

一天,纽约一家百货公司的管理人员对买钢琴的人表示他不同意 18 个月的分期付款时间,因为那样太久了。管理人员表示,只给买钢琴的人 12 个月,而不是常规的 18 个月。在纽约的其他地方,人们仍然可以用 18 个月的时间来分期还款。经过一番思考之后,为了不让买家气馁,商家贴出了一张大字广告,上面写道:

"有一整年的时间来付款!"

人们看了广告之后会说:"给我们一整年的时间去分期付款?这肯定是一家考虑周到的商店。"销量增加了!这就是先摆出难题,再将其变成"卖点"的销售要诀。

钢琴的卖点不是钢琴本身——而是给你一整年的时间去分期付款!即便是钢琴也有"卖点"。

"禁止推销"

胡佛吸尘器公司的鲍威尔先生向 92% 的客户成功推销了产品,而这些人的门上都标着:"推销员不得入内。"

当我问他是怎么做到的时候,他告诉我,只有那些对推销难以抗拒的人才会挂出这样的标牌。那些客户从上门推销员那里买了过多的东西之后，寄希望于靠这种标牌来自保。

赞恩·考夫曼和肯·古德在《商业中的招徕术》一书中讲述了伊莱克斯电器公司的推销员如何"靠表演来加强话语的表现力"。他们会点燃一根巨大的火柴，说："机器在静静地运转，就像这根火柴在默默地燃烧！"

纽约市的一家大型百货公司采用了我们为其店员设计的"销售台词"，引导客户自己带走小件商品包裹，而节省了将近7000美元投递费。

例如，一个小男孩和妈妈一起来店里，买了一套新衣服，店员会问小男孩："你愿意今晚就穿这套衣服吗？"小男孩通常会回答："当然。"他的妈妈会说："那么，你就得自己拿着包裹，孩子，因为妈妈的手上已经提着满满的包裹了。"

"你常常待在室外吗？"最近有三家纽约百货公司验证了这句话的有效性。在此期间，我们在洁齿刷公司的试验中找到了最好的销售台词和销售演示，以便用于销售他们的斯坦斯特理发刷。

"你们的理发刷有波浪一样的刷毛吗？"已经证实这又是一句广告妙语。"你梳头发的时候想理顺你的发束吗？"这句话让纽约市的罗德-泰勒和吉贝尔商店在三天的时间内销量翻了一番！

搬家汽车业务

比尔·米勒先生是五月花搬家公司的副总,他邀请我们去为评估员设计销售台词和销售演示。

当时这种调查对于我们来说也是一次新鲜的尝试。对于这个行业,我们的所见所闻也非面面俱到,只着重去挖掘其中的"卖点",让评估员展示他对好东西的欣赏。他可以指着一件他认为女主人很喜欢的家具,对她说:"这件家具很棒,不是吗?"

客户看到评估员对家具很在行,就会安心,并放心地下订单。这个销售要诀可以让客户对他们的服务有信心,从而为他们消除搬家过程中的障碍。

当开始搬东西的时候,要在厨房或卫生间先洗手,然后说:"我们在触摸您的家具之前必须洗手。"这一句话又给搬家公司树立了长期的诚信形象,通过让客户安心,使公司业务有了保障。

"停一停""看一看""听一听"

你有没有意识到,下面的三个常见句就是"销售台词",说出来就会让客户喜欢?

"不需押金。"

"不用汇款。"

"免费样品。"

这些表达方式我们看得多了,所以根本没有意识到它们就是"销售台词"。

有人告诉我,自从他们把纽约地铁里体重计上的告示"投入 1 分币"改为"投入硬币",每 100 美分的硬币中就会出现几个 5 分币和 10 分币!当然,收到最多的还是 1 分币!有的人想要称体重,却害怕自己太重会损伤机器或被机器拒绝称重,正好身上有个 5 分币,他就会投入 5 分币,而不是 1 分币。当告示上只说"投入硬币",那就意味着 5 分币和 10 分币都可以。

红发男孩

我听说,有一个年轻人申请一份工作的时候发现他的前面排了一条长长的队伍,于是他立刻去电报局拍了一封电报,上面写道:

"在招聘之前请看一看队伍尾巴上的红发男孩。"

他没有写长篇大论,而是"字字珠玑",每个字都掷地有声!

在机械行业,"服务"这个词比"维修"好,因此,可以用"服务部门"取代"维修部门"。

在农场房屋前,使用"内有恶犬"比"担心狗"更有效。

这里还有一些流行的表达方式,我们以前一直不知道它们是千锤百炼并广受客户欢迎的销售台词:

"安全第一。"

"不需要现金。"

"没有你我活不下去。"

显然,有几百个稀奇古怪的词句可以让大家赚钱。下面这些销售台词让"销售台词库"更加完整:

"做你自己银行的行长。"

"我拥有过的最好的书本。"(银行存折广告)

"不要再搞得自己腰酸背痛。让我们的洗衣机在一小时内帮你搞定。"

"婚姻是天造地设的,而婚戒由我们来制作。"

"做你自己的老板。"

"你说英语时会犯这些错误吗?"

根据沃尔特·温切尔最近的一份声明,布朗克斯美容院的广告语如下:

"永久烫发——3 美元"。

隔壁的竞争对手的广告语如下:

"永久烫发——5 美元——保证永久"。

一切就在于你说什么和怎么说——布朗克斯美容院也是如此!

第二十八章

卖烟的女孩改变表达方式
使生意大为好转

"雪茄、香烟、巴干木"这样的叫卖可以让客户对一个酒店流连忘返;"现炒的热栗子"这样的吆喝可以在第七大道引起围观;"边走边吃三明治";在第六大道卖梳子。

有一天,斯塔特勒连锁酒店邀请我们去为出售香烟的女孩设计一种新的推销词。我们做了一些研究之后,发现仅仅叫卖"雪茄和香烟"似乎不能引起餐厅中那些专注于思考和谈话的客户的注意。

住在铁路旁的人们总是对火车鸣笛声充耳不闻;酒店的客户总是把精力集中在他们的饮食、谈话或舞蹈上,因此他们不会注意到女孩和她卖的雪茄或香烟。

只稍稍改变一下表达方式,情况就可以大为好转。我们就拿纽约市宾夕法尼亚酒店的这个女孩为例:

"请买雪茄和香烟。"

她手拿一包香烟，把餐桌旁的客户尽收眼底，而且"边说边配合恰当的肢体动作"。

我们也尝试了另一种简单的"求关注"和"抓眼球"的销售台词：

"雪茄、香烟、巴干木。"

简单的改变——销量增加了，因为人们开始留意到女孩，新的销售台词穿透了客户和她之间的屏障。

最后这个词——"巴干木"跟前两个词根本不搭调，显得很幽默，至少我是这么认为的。晚上 12 点之前，女孩们一直会这么叫卖；12 点过后，她们的声音就会降低，还是说：

"雪茄、香烟、巴干木！"

到了夜里 3 点，她们已经筋疲力尽，只会说："坚果、香烟——坚果、香烟！"

无论如何，这是一个很好的案例，印证了我们的第五大销售要诀：

一切就在于你说什么和你怎么说。

卖热栗子啦

我在《广告时代》上看到一则广告，试图展示广告的重要性。你可能会在秋天的街角处看到一个卖栗子的小贩这样叫卖：

"卖热栗子啦。"

他的生意很差。而街对面那个抢了他生意的小贩这样叫卖:"现炒的热栗子啦!"

有一阵子,一家小杂货店想出了在店门口卖冰激凌三明治的主意。在某个阳光温暖的一天,经理让店员把冰柜推出来,雇了一个漂亮的女孩来卖冰激凌——你在很多便利店门前都看到过这种小摊。在这个案例中,标牌上写着:

"本市最好的冰激凌三明治——5美分。"

每年各地的冰激凌生意似乎都不错,但这家则不然。一项研究表明,当一个人买下一块三明治后,他就站在那里吃了。

边走边吃三明治

起初,人们吃冰激凌,有着很好的广告效应,会促使其他人去购买。但很快,商店入口处变得拥挤不堪,消费者很难进入商店,许多人因此而转身离开。为了疏通商店入口,也为了卖出冰激凌三明治,商店经理正在绞尽脑汁地想办法。幸运的是,有一天,通过给三明治取了个名字,这个问题解决了。什么名字?它叫"边走边吃三明治"。

人们意识到他们可以边走边吃冰激凌三明治,于是就给其他客户留出过道进商店去买三明治。

只用两个动词就解决了问题!

卖梳子的故事

一个推销员正在背诵卖梳子的销售台词,他完全没有意识到"您"比"我"更重要。单词"business"——中的u(你)在i(我)的前面。他没听说过这个说法:"不要长篇大论——要简单明了!"他告诉面前的一小群围观者,这种梳子将"伴你一生",而且可以"按摩头皮""永不折断、弯曲"。

他确实做到了"边说边配合肢体动作",用梳子猛击货柜。还要用锤子敲打梳子!可以肯定的是,场面很有戏剧性!然而,他却没有找到"卖点",所以买梳子的人寥寥无几。他罗列出了梳子的一切功能,却错过了"卖点"。直到有一天,一个天真又安静的小家伙,从一小群人的后排走上前去,对他说:

"可是,叔叔,请你告诉我,用它梳头是否好用?"

千万千万不要说太多的废话,否则就会错过简单明了的卖点。不要把这么多的调料放在牛排上面,这样会掩盖牛肉的鲜味。我们要强调"亮点",而不是产品的细枝末节。

"牛排的嗞嗞声"比牛排本身更重要!

某家全国知名周刊的小报童用这样的"叫门妙语"立即赢得了女士的关注:

"您喜欢好看的故事吗,夫人?"

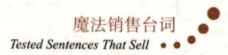

哪个女人会对这样的询问说"不"呢?

寻找"卖点"

有时候,你对周围的一切司空见惯,以至于看不到"嗞嗞声""方形衣夹"等"卖点"。你需要有人帮你指出来。

一名登山者把自己的家建在了悬崖边上,却没有注意到整个山谷的风景。他对于"屋后"的美景如此熟悉,以致他再也不去看。

一名独臂推销员向办公室女速记员问了这个问题:

"你们这里需不需要机枪?"

"当然不需要,"惊讶的女速记员放下了手中的活儿,仔细上下打量着他,想知道他为什么这么说,还想知道他会做什么。

其实,这个独臂推销员已经得到了潜在客户10秒的关注。于是,他举起铅笔,对女速记员说:"也许你能在这里使用优质的铅笔!"

说话时一定要小心翼翼——耍花招不要太明显!否则你会自食其果!

下面的话会让客户马上拒绝你:

"还要别的产品吗?"

"今天还要别的吗?"

"还有别的需要吗？"

请注意你提问的措辞，要让对方不可能用简单的一个"不"字来回答你，你可以这么问：

"别的呢？"

对方开始思考"自己还需要来点儿什么别的？"，他不能针对"来点儿别的什么"的提问而回答"不"字。

当然，如果可能的话，请为你的产品做一个10秒钟的开场白。请记住，牛排的卖点是煎牛排的嗞嗞声，起泡酒的卖点是杯中舞动的气泡，咖啡的卖点是弥漫在空气中的醇香，泡菜的卖点是诱人的色泽与清爽的口感。一旦你明白这些道理，创造额外销量的机会就会大大增加。

"5天内治愈鸡眼，无效退款。"这是一句著名的销售台词。"卖点"在10秒钟之内就出来了，你还能说什么呢？对于长了鸡眼的人来说，这是多么抢眼的"卖点"！

把东西卖给别人很简单，为什么要将它复杂化呢？请记住下面的销售要诀：

销售台词比价格标签更重要。

第二十九章

8个字让爱占便宜的人罢手

酒店如何巧妙地阻止客人带走房间墙壁上的装饰画,由此省下一笔额外开支?

我认识一个以前在中西部酒店上班的朋友,他最近告诉了我有关"酒店客人擅自取走房间装饰画"的事。他知道我们要调查研究与人交流的方式和手段,以便酒店员工和客人之间的沟通更加顺畅,因此他认为我会对这个事例感兴趣。

我这个朋友似乎是突然想出了一个主意,来阻止那些"热爱艺术的人"在离开酒店之时,取下房间墙壁上的装饰画,打包进自己的行李箱中。

某些人有"纪念品情结",于是会带走值得纪念的东西,以便日后回忆那段美好的时光。这些客人很难对付,他们的行为让酒店的员工很伤脑筋,因为你不能走过去对他们说:"您错把这个房间的装饰画塞进自己的手提箱里了,夫人。"这句话会让客户很难堪。此外,她每年都会在这家酒店里消费几百美元，一张图画只值 2.50 美元，和那笔房费相比，真是小巫见大巫！可是，许多饭店经理需要频繁地更换装饰画，这样做很麻烦也很闹心。

这个问题一直没能得到解决——直到有一天，我的这位朋友找到一家专门设计装饰画的店，并买下一些画，这些画每张 11 美元，而不是往常的 2.50 美元。

店员问："您这次为什么不像以前那样购买 2.50 美元一张的画呢？"

他回答道："因为客人过去常常从墙上取下画，我们的房费是每天 2.5 美元，所以我们等于没赚到钱。我们开始琢磨这件事，最后突然想到了个好主意，用 8 个字就解决了这个问题。现在，当客人从墙上取下一张画时，他会发现一块空白和 8 个醒目的红字：墙上一幅画被拿走。

第三十章

成功的招聘方法或应聘技巧

面试官会在求职者身上寻找何种闪光点？求职者会在面试官身上寻找什么样的人格魅力？

最近，纽约销售主管俱乐部邀请我调查研究现代人的求职方法，就求职者应该做什么、说什么，以及面试官应该在求职者身上寻找什么闪光点等问题获得了第一手资料。

我和墨里森先生的得力助手以及沃伦·里谢尔先生一起进行了这项研究，墨里森先生是麦格劳希尔出版社的发行部经理，里谢尔先生是金属制品会展公司的总裁。

我们分析了数百个案例，还研究了人力资源市场的资料，对每周求职者的优缺点做一次评判，进而制订一个来帮助他们进行"自我推销"的方案。

四大销售要诀供你参考

我们发现，招聘和求职与销售衬衫、领带、划艇和汽车一样，主管可以应用销售要诀雇用一些人力来运营机构，求职者也可以运用同样的要诀来为自己找到合适的工作。

获得工作的四个实用要诀：

1. 简单明了地表现自己的亮点。
2. 具备"换位思考能力"。
3. 具备"协调配合能力"。
4. 具备"圆满结束谈话的能力"。

我们的案例表明，许多雇主10秒钟之内就会对求职者做出一个判断。他能瞬间对这个求职者的外表和性格产生一种印象，同时也能从求职者的开场白得出他是否打动了自己。

通过第一印象迅速对一个人做出判断在今天仍然流行！因此，求职者一定要注意自己的开场白。

"换位思考能力"的定义

"换位思考能力"是应聘者在面试过程中迅速且提前站在面试官的角度去思考问题的能力。用"你"这个词来代替"我"，是从面试官的角度来思考问题的一种方法，就跟在销售产品过程中站在客户的角度思考问题是一个道理。

"协调配合能力"就是应聘者有能力让自己的思维与雇佣者的思维相协调。之后，当他获得这份工作的时候，也会有能力与公司的政策和同事相配合。

"圆满结束谈话的能力"自然就是得体地完成面试，不让双方难堪的能力。我们发现，如果不懂得灵活变通，谈到薪资待遇往往会让对方颇为尴尬。如果你具备"圆满结束谈话的能力"，就会更快被录用。

求职"达人"

顺便说一句，在这项有关招聘和应聘的课题研究中，我们谈及了几个有趣的现象。我们发现有一种特殊的求职者，他们喜欢跳槽，并且反应敏捷，积累了丰富的面试经验，堪称求职"达人"；他们会用自己的"销售台词"和"推销技能"去争取一份工作，可惜总是坚持不了几天就辞职；他们衣冠楚楚，带着收放自如的微笑；他们知道面试官头脑中所有问题的答案；他们是"身经百战"的求职者，知道在雇主面前该怎么说、怎么做。

下面的小短剧生动地展示了求职过程中需要用到的台词与技巧，这是销售主管俱乐部在一次会议上创作并表演的销售短剧。这个短剧是段10分钟的情景对话，参与者包括标准石油公司总经理弗兰克·拉夫乔伊与Life Savers糖果公司总裁西德尼·艾德兰德。

读一读这个短剧，看一看求职"达人"是如何光鲜亮丽地登场，却早早输掉面试的。他犯了很多错误，其中之一就是试图通过倾诉自己的个人烦恼来获取老板的同情。

然后再读一读恰到好处的求职者如何从容应对面试，快速获得雇主的青睐。他能迅速站在雇的主角度做换位思考，最后当然能求职成功。

如何招聘——或应聘

面试官会在求职者身上寻找何种亮点？求职者会在面试官身上寻找什么魅力？

编剧：墨里森，沃伦·里谢尔，埃尔默·惠勒。

谨以此剧献给纽约销售主管俱乐部。

第一幕
雇主应提防什么——或者哪些做法会让求职者得不到工作

地点：	美国服务公司办公室。或者任何一家向公众销售无形产品的公司。
墨里森先生：	主持人。
里谢尔先生：	饰演一个美国典型的销售主管。
惠勒先生：	饰演求职"达人"，一位身经百战的求职者。在第一幕剧中，他知道所有的面试答案；在第二幕剧中，他是个恰到好处的求职者。

【里谢尔先生坐在办公桌前，电话铃响了，他接起电话。】

里谢尔先生：你好。有人要来求职？我没有任何职位空缺。哦，是区议员派他过来的？那么，就让他进来吧。

求职"达人"：您好，我名叫求职"达人"，应聘过许多家企业。霍斯特饼干公司、沃茨英特啤酒公司和星期五水产分销公司都曾通知我去面试。

里谢尔先生：哦——

求职"达人"：我急需一份工作，里谢尔先生。过去一年里，我一直没有工作，目前已经债台高筑了。那天我与你们的议员皮特·墨菲一起喝了几杯啤酒，他说我可以借他的名义来找您讨一份工作。您现在能给我安排一个职位吗？

里谢尔先生：可是，我们这里不缺人手了，让我如何帮你和墨菲安排呢？

求职"达人"：好吧，您知道我曾经干过很多不错的工作，但似乎始终不太走运，不过我这里有几封很好的推荐信：这是霍斯特饼干公司的推荐信，他们辞退我是为了给老板刚毕业的儿子空出职位；这是沃茨英特啤酒公司的推荐信，他们辞退我是因为我和我的老板在一次销售会议后喝得大醉，从此老板就不敢留我在那里工作了；最后是星期五水产分销公司的推荐信，辞退原因是他们觉得我在他们那工作是大材小用！

【里谢尔阅读推荐信。】

星期五水产分销公司的推荐信

敬启者：

  持信人求职"达人"先生，曾经于4月1日至21日担任我司的推销员。

  出于我方无法控制的一些情况，无法再留其继续任职。

销售经理

里谢尔先生：你说他们觉得你在那里工作是大材小用了？"

求职"达人"：是啊，太多职场上的钩心斗角。老板又不听取我的意见，公司都快倒闭了。

里谢尔先生：呵呵！你和他们共事了多久？

求职"达人"：哦，就三个星期，我真是受够了。

里谢尔先生：我也受够了！谢谢你的到来。

求职"达人"：好吧，把我的名字存档吧。您什么时候招人，别忘了通知我一下。（一边离开，一边自言自语）据说大萧条已经结束了！

第二幕
雇主应该寻找哪种人才——或者如何获得一份工作

地点： 同上。
里谢尔先生：饰演一个美国典型的销售主管。
惠勒先生： 扮演自己。
墨里森先生：负责演示招聘者的心理活动。

【电话铃响了，里谢尔先生拿起话筒接电话。】

里谢尔先生：你好。"恰到好处"先生？他要给我一份经销商计划书？好吧，让他进来。

惠勒先生： 里谢尔先生，您好！（伸出手）

里谢尔先生：你叫什么名字？

惠勒先生： 我叫"恰到好处"！

里谢尔先生："恰当"先生？

惠勒先生： 是的！

里谢尔先生：我能为你做些什么？

惠勒先生： 里谢尔先生，我已经告诉您的秘书，我策划了一份经销商计划书，不仅有助于您解决一些经销商的难题，而且还对我自己有益。

里谢尔先生：你知道我遇到什么难题了？

惠勒先生： 一般来说，所有经销商的销售问题大同小異,是吧,里谢尔先生?

里谢尔先生: 是的——但我们也有自己头痛的事情。我们的销售定位或有不同!

惠勒先生: 当然,里谢尔先生,每个产品或服务都有各自的特点。可是,令您自身感到头痛的事情是什么呢?

里谢尔先生: 我们最头痛的事情就是如何让经销商将销售策略贯彻到底。

惠勒先生: 里谢尔先生,你一定会对"勇往直前公司"处理这个问题的方法感兴趣。

里谢尔先生: 是啊,他们是怎么做的呢?

惠勒先生: 他们让我们和经销商并肩作战,而不是对他们发号施令!

里谢尔先生: 和经销商并肩作战,而不是对他们发号施令!嗯!这是很好的主意,年轻人。最后是怎么做到的?

惠勒先生: 首先我们对经销商的问题进行了研究。这个研究可以在他自己的商店里、柜台后面、客户面前完成。我们有三个重要发现,我已经在给贵公司的建议书中做了简要的阐述。(把建议书递给了里谢尔)

里谢尔先生: 换句话说,你帮助经销商学会如何自助——

他们自然会从你那里进货，是不是？

惠勒先生：是的，先生。最好的产品不会自己畅销起来，最漂亮的成交签字也不会凭空出现。我们意识到，在产品上架之后，我们这些销售人员的工作才真正开始。我们通过告诉经销商一些促使客户购买的方法，来提高经销商的产品销量。我们与经销商并肩作战——而不是向他们发号施令。

里谢尔先生：（饶有兴趣的样子）我们公司也能实施这种与经销商并肩作战的销售培训计划吗？你知道，我们公司和其他公司还不太一样。

惠勒先生：只要你的销售人员在正确的时间对经销商说正确的话，只要经销商在正确的时间对客户说正确的话，你就可以实施这个经过多次检验可行的计划，教会经销商怎么说和怎么做。

里谢尔先生：嗯，我们当然会在业务中使用销售台词和销售流程——你能保证这个新计划会奏效吗？你知道，我们必须拿出证据给总裁看。

惠勒先生：你们有一个销售区域的业绩很糟糕，是不是？

里谢尔先生：是啊，我们有一个销售区域的业绩糟得不能再糟了。

惠勒先生：那么，里谢尔先生，请把那个销售区域指派给我,付给我薪水和一定比例的销售提成,我会马上行动起来。

里谢尔先生: 你哪天能开始上班?

惠勒先生: 嗯,我想给我现在的老板一点时间,就——一个月后吧!

里谢尔先生: 我们去总裁办公室吧!

总结一下,如果你想招聘或应聘成功,就记住以下四点:
1. 简单明了地表现自己的亮点。
2. 具备"换位思考能力"。
3. 具备"协调配合能力"。
4. 具备"圆满结束谈话的能力"。

无论你销售有形商品还是无形商品、真实商品还是你自己这一人才资源,你会发现非常有必要使用销售台词和技巧。你的语言承载着你的思想。你表达自己思想的方式很多,可以像笨重的老式蒸汽机那样吞吞吐吐,也可以像流线型火车那样简洁流畅。

流线型火车跑得更快更远!你也要这样才行!

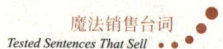

第三十一章

印第安人雪茄店从没卖出过一支烟

　　这家印第安人开的雪茄店所做的一切都是为了吸引客户进店。店里有一个活跃的店员在招揽客户。许多推销员都是沉默寡言的人,而且不知道怎么做。自动售货机可以让客户投入硬币然后等着,可是自动售货机无法让客户购买"更高价的东西""额外商品"或"多买几份"。

　　一天,一名保险推销员来到我的办公室,问道:"谁是你的死敌?"这句话吓了我一大跳。我知道他在找推销的"线索",但保险推销员一般想听到的是对方朋友、亲戚或熟人的名字。这个人却想知道我的"死敌"是谁。

　　我问他为什么,他解释说,当他想要听到对方说出朋友的名字时,会引起抵触——人们不希望有销售人员打电话给自己的好朋友。于是他想出了从对方"死敌"这个角度去突破,他告诉我,这样做很奏效!

如果你是一个人寿保险推销员，让潜在客户开口的最佳方法之一就是诱导式提问，比如："您结婚了吗？""有孩子吗？""他们是男孩还是女孩？""他们多大了？"潜在客户会对这些问题做出回应，这样能让你们变得熟络起来，同时也向你提供了想要的信息。

诱导式提问

另一个保险推销员发现他最喜欢的一个诱导式提问就是："如果发生了什么意外，你最想留给你的孩子什么？"

大多数男人会说："100万美元。"这个推销员摇摇头说："你要是这么干做就坏了——会毁了你的孩子！你要留给孩子的应该是孩子母亲的全程陪伴，同时不让他们有经济负担，这样母亲才会把孩子培养成为你所期望的人。"

每当保险业绩下滑的时候，保险推销员就会使用这段"销售台词"来争取潜在客户，这个"诱饵"就是："距你上次量血压已经多久了？"然后说："你认为你这次体检能合格吗？"这种关系健康状况的诱导式提问搞定了很多客户。

做销售需要一个精神抖擞的人，而不是死气沉沉的人，要知道何时以及如何有效地使用这些"有分量的话"，来让客户做出回应。当客户看到几件不同的商品或包装时，一定会问这个古老的问题："这几种商品的区别是什么？"

有一天，一个推销员走进我的办公室。我告诉他，我当时太忙，没有时间跟他说话，他说："我知道你很忙——我只拜访大忙人！"于是，他引起了我的关注。

"小姑娘，你妈妈在家吗？"这句古老的推销语已经在许多人的家门口奏效了。你一定会很惊讶，这句话到现在对新一代人仍然管用。通常一个词就可以搞定或毁掉一笔生意，所以在说话之前要仔细斟酌，不要亡羊补牢。

好莱坞选角办公室

细节往往决定成败。好莱坞主要的选角办公室意识到了这一点，在回复前来找活儿的临时演员时，已经不再用那句老套的"今天没活儿"。取而代之的则是："明天打电话。"

我听说，简单地修改一下语言，就可以给很多人希望。让他们明天再打电话，于是天天都有人打电话找活儿，自杀的人自然也就少了，就因为"明天打电话"这句让他们觉得有盼头的话，取代了"今天没活儿"这句让人无比沮丧的话。

尼亚加拉大瀑布曾是新婚夫妇们最喜欢的度假胜地。那里可以买到一些挂在墙上的皮画，上面画着印第安人、狗、美丽女孩，还能买到其他的小玩意儿。你或许在爷爷奶奶的家里曾看到过这类装饰品。

其中有一张皮画，画着一条狗，旁边有一行字："它不咬人"。这幅画一直卖得不好,直到有一天,那行字改成了"我只会汪汪叫"。接着,销量翻了3倍。"咬"这个词会给人带来不快。此外,第二句是小狗的口吻,更为生动传神。

亨利·福特修改了公司广告牌上的广告语,将"买福特汽车,省下来的钱存银行",改为"买福特汽车,省下来的钱尽情花",使客户感受到商家额外的善意。

注意你的措辞;懂得你的话语背后蕴藏的力量;让你的声音更加悦耳动听!

乞丐也会用销售台词

去年春天,我在纽约中央公园看到一个盲人,身边放着一个牌子,写着:"现在是春天——而我却什么也看不见。"很多人看了之后会把硬币放到他手里。

一名不算太呆板的推销员向农民推销农具。面对一位新的潜在客户他常常会这样说:"每年都能有一头新奶牛,您觉得怎么样?"农民们总是背靠着犁,问他:"那该怎么做?"然后推销员就开始大讲他的农具销售台词。

我最近在费城举办的国际餐饮服务人员会议上做了一次演说。会后来自得克萨斯州安海斯布希啤酒公司的代表说,在他那个州瓶装啤酒卖得不好。他告诉我,年轻人通常会点一杯扎啤,而当他们去跳舞时,啤酒的气就跑光了,于是酒吧里一片抱怨。他告诉我,他很想试试"销售台词",把"要扎啤还是瓶装啤酒?"改成"要瓶装啤酒吗?"他认为这样会促使客户购买瓶装啤酒,可以在要喝酒时再开瓶。我认为他是对的,他为经销商找到了一个很棒的"卖点"。

"给你的销售台词加点料"对促进某些产品的销售很重要。

> 销售台词必须简洁明了,还不能带有太强的目的性,只有这样才会奏效。因为一旦意识到自己被"忽悠"去买东西,你就会非常抵触,不想购买。

第三十二章

惠勒销售要诀总结篇

这些年,我们在成立世界上第一个也是唯一一个"销售台词研究室"的过程中,创造并检验了很多销售台词。经常有人向我们请教把销售台词与销售演示有机地整合到销售实践中的方法。我在本书中第一次写出了这些要诀。让我们来快速回顾一下:

惠勒销售要诀之一
牛排的卖点是它的嗞嗞声

"牛排的嗞嗞声"比牛排本身对客户更有吸引力,虽然牛排本身也很重要。这就是隐藏在产品中的"卖点"。"卖点"是产品畅销的关键,它是酒杯中曼妙舞动的气泡,它是奶酪中浓浓的香气,它是咖啡弥漫在空气中的醇香。

请在销售包装中寻找"卖点",以此来开启销售——这样你才能逐步推进。

潜在客户首先会问你的产品功效："它能为我做什么？"你必须拿起一副"放大镜"，站在客户的角度来审视自己的产品，然后才能回答这个重要的问题。

做到从客户角度去思考问题，就是我所说的"换位思考能力"。请培养你的"换位思考能力"，以便很快学会如何找到"卖点"，来适应每个具体的客户需求——重要的是潜在客户怎么想，而不是你怎么想！

一位老妇人正在看一个炉子。一名推销员一点都不关心这个潜在客户的实际情形，只是自顾自地对她讲着"千篇一律"的销售台词，涵盖了产品的每个卖点。他告诉她，炉子表面的漆刷得有多好，炉子的高度刚好可以让一条狗躺在下面睡觉，炉面的搪瓷如何不会破碎，如何方便地烘烤出好吃的蛋糕和苹果派。当他讲得口干舌燥的时候，那个老妇人轻柔地问：

"可是，它能让我觉得暖和吗？"

请记住下面的销售要诀：

一件商品对于一个人是"卖点"，对于另一个人来说，可能就是"最大败笔"或"最大隐患"。因此，要灵活变通地对潜在客户说出"卖点"！

惠勒销售要诀之二
"不要长篇大论，要字字珠玑"

我的意思是，用尽可能少的话语来立刻博得潜在客户好感。前10个字的开场白胜过后面的千言万语——因为你只需10秒就可以捕捉到对方闪现的兴趣点。如果你传递出的第一条信息没能"击中"潜在客户的心，即便他没马上走开，也已毫无兴致了！

因此，成功展示"销售台词"的第二大要诀就是简单明了地陈述，让每个字都掷地有声，因为你没有时间"长篇大论"。

潜在客户在前10秒钟就能对你做出快速判断。对你的第一印象影响到他们对你销售的产品的整体态度。

当你面对潜在客户的时候，不要胡乱猜疑，不要结结巴巴，不要支支吾吾！事先想明白自己要说什么、做什么。确保你说的话和做的事都是"行之有效的"！请记住下面的要诀：一切都只在前10秒钟的开场白！

如果你应用好了这个简单的要诀，那就继续学习"惠勒销售要诀之三"中的说话技巧吧。

惠勒销售要诀之三
要讲得绘声绘色

通过表演来证实你所说的内容。先讲讲产品会给消费者带来哪些好处——紧接着加以证实。当你手捧鲜花道出"祝您幸福愉快!"时,对方会感受到你的诚意!

你只有短短的 10 秒钟,一张巧嘴和一双巧手是你向潜在客户推销产品的所有道具——所以你必须用表演来增强语言的表现力!借助表演来烘托你的"卖点"!

说销售台词时伴随一些动作,会收获更好的结果。如果肢体动作僵硬,说得再好也没用。

大家都知道,一些店员对客户说"谢谢你"是何等敷衍,因为他们缺乏诚意。

当你口若悬河地说话时,配合一些肢体语言,能让你的销售演示出彩。你的手势、站姿、头部动作,都可以让客户感受到你的诚意和坦率。

不要做一个只会"花言巧语"的推销员,只会耍嘴皮子,却不懂销售演示。

用积极的行动向客户表现你的诚意,他们也会用购买的实际行动来回报你。

用心演示——演示出"卖点"!

让产品的"卖点"与你的表演相得益彰。

当你进行销售演示的时候，配合语言表达的动作、面部表情、演示方法等都是成功运用"销售台词"必不可少的要素。

你需要遵循的要诀是：说话要简洁明了，还要配以肢体语言。

然后，一旦时机成熟，就停止标榜产品的"卖点"，使用下一个惠勒销售要诀，来让客户购买。

惠勒销售要诀之四
不要问买不买，而要问买哪个！

就是说要一直组织好自己的销售台词（尤其是在交易即将达成时），给潜在客户买这个和买那个之间的选择，而不是买与不买之间的选择。

像律师一样进行诱导式提问——但要问一个可以带给你预期答复的问题！如果你想要询问客户一个问题，就必须事先判断自己可能会得到什么样的答复。

目前有两种类型的推销人员，其中一类人喜欢用问号，善于巧妙地提问，以勾起客户的兴趣；另一类人则习惯用感叹号，做出气势汹汹的样子，试图让客户屈服。做个善用问号而不是感叹号的销售人员。

永远不要问潜在客户买不买，而要问他买哪个！只给他一个选择，问他买什么、何时买、何地买或买多少。记住：不问买不买，而是问买哪个！

问正确的问题，就会得到你想要的答案！

"为什么"是最难回答的问题，是推销员反驳潜在客户异议的必用词汇。无论潜在客户提出什么异议，推销员都可以使用"为什么"这个词，看看他如何牵强地编造一些借口来回答你的"为什么"。

可以在家试试这个"为什么"提问法。下次，你的妻子要买一顶新帽子，你可以礼貌地问她："为什么要买帽子呢？"看看她为搪塞你而绞尽脑汁。她的借口通常很可笑，都不好意思对你说。

在大萧条时期，你有必要说"不"，因为你如果说"是"，那就得购买，可是你又没什么钱。大萧条结束了，但你仍然会习惯性地说"不"，除非一个聪明的推销员让你这个"不"字说不出口。

你需要记住下面的要诀：若想捕到更多鱼，鱼钩比撬棍更管用。

现在大家已经深入理解了四大销售要诀，但一次成功的销售演示，还需要掌握一条更重要的要诀。

惠勒销售要诀之五
让你的声音更加悦耳动听

想一想,小狗叫一声,再摇摇尾巴,就是在跟你交流!那一声"汪",加上摆动的尾巴,就可以传递那么多的情绪,值得我们来效仿一下!

注意,你的声音里也可以悄悄渗入"汪汪叫"的效果。这是成功进行销售演示的第五大要诀。

如果你的声音单调乏味,哪怕你的开场白讲得再简洁精当,产品介绍说得再绘声绘色,问再多"买哪个""何时买""在哪里买""怎么买",最终也无济于事。

不要从头到尾只用一个音调;训练你的声音、控制你的音调。请把双手放在耳朵后面,听自己说话的声音;学学乐队指挥,塑造出抑扬顿挫的音调变化;避免出现怪异的语音和语调;说话时面带微笑——但要笑得真诚,这样可以让你的潜在客户心情愉悦。

记住,雪茄店门前的木刻印第安人立像上刻满了销售台词也卖不掉一根雪茄。它只能把客户吸引进店里,让精明能干的店员来卖雪茄。

第五大销售要诀很简单:一切都取决于你的说话方式,你怎么说和你说什么同样重要!

如果你会灵活运用这五大销售要诀，那你的销售行为就会更准确、更安全、更高效——因为这五大要诀都是行之有效的经验之谈。

前文提到过，佳斯迈威公司的推销员接近潜在客户的方法就是站在前门口进行直冲式推销。"现在免费发放《改善室内环境的101种方法》。"他们用这样一句开场白就解决了纱门的销售问题！

前面的章节中已经提过，两年前，得克萨斯汽油公司如何只用一句"销售台词"就成功地完成了对新型汽油的推广。一周内，他们的4.5名万经销商打开了25万辆汽车的油箱盖，极大地扩展了他们的业务规模！

前面的章节中已经提过，胡佛吸尘器公司招揽客户的最佳方法就是用十分富有表现力的语言来体现产品的"卖点"，从而在潜在客户心中留下深刻的印象。所以，胡佛吸尘器公司的销售台词必须具备两个特征：(1)容易说；(2)容易记。

因此，提醒女主人尘袋需要清洗的不叫"警报装置"，而叫"清空指示灯"。推销员说："如果你忘了清理尘袋，清空指示灯会提醒你。"这个前照灯叫"灰尘探照仪"，这一叫法与它的功能非常契合："它可以看清需要清洁的地方，它走到哪里，哪里就会一尘不染。"

通过对大量案例的研究，我们分析了10.5万个这样的词句组合与技巧，又在1900万人身上做了试验，得出的结论是：

"千篇一律"的套话不如"计划周详"的销售台词有效。通过在销售领域进行测试,结果已经充分证明了后一种方法的科学有效。

重在"口才魔法",而非"魔法口才"

现在我已经把五大销售要诀介绍给大家,这是从我们10年来对各行各业的成功销售人员所做的研究中总结出的销售台词和销售演示,大家可以将它们应用到自己的行业当中去。

当然,成功的销售取决于很多因素,但是,决定交易成败的关键还是你与潜在客户面对面交谈时所说的话和做的事。

其实,没有"魔法口才"这样的东西,倒是可以加强一下你的"口才魔法"!

"销售台词"绝不是"强制销售"或"千篇一律"的讲述——这二者我们也不提倡。但要好好推敲一下语言,以一种恰当的方式向潜在客户展示必要的信息,让他们可以自然而然地得出你预期的结论。

当一个买家在购买任何一件贵重的产品时,他的头脑中总是会出现一个"梦想"和一个"需要"。卖方应该首先满足客户对"梦想"的渴望,其次是填补他们的"需要"。"牛排的嗞嗞声"可以刺激并满足这个"渴望","牛排"则是这个"嗞嗞声"的必要前提和原料,两者缺一不可,否则,客户会大失所望。

如果一辆价值2万美元的汽车缺了价值10美分的汽油，这辆汽车就开不动。如果一个公司的推销员不能在正确的时间做正确的事情，这家企业也没法正常运营。

一条锁链中有三个环，一环可以承受50磅，另一环可以承受60磅，第三个环可以承受3磅，那么这条锁链的强度只等同于那条能承受3磅的环。同样的道理也适用于你的生意：企业的整体经营情况只取决于推销员的销售能力。

无论是在前门口还是在后门口，在销售柜台前或营业部办公室里，一线推销员的行动都决定了工厂的产量。产量是与你的销售能力成正比的！

总结一下，"成功销售"背后的道理就是：

> 不要总是想着自己想说什么，而是要多思考潜在客户想听你说什么——如果你能做到这一点，那么往往就能得到你所预期的回复。